P9-DVO-950

BARRON'S

VISUAL DICTIONARY
FRENCH

CONTENTS
TABLE DES MATIÈRES

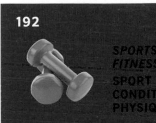

IMAGES ACTIVATE THE MEMORY –
BUT HOW?

Dear reader,

For many years educational psychologists have encouraged the use of images in language study. Perhaps this is something you have experienced yourself— if you see a word coupled with an image, your memory is more likely to be activated than if you simply encounter the written word on its own. So if your goal is to understand and memorize vocabulary as well as to simply look it up, combining words with images is an effective way of ensuring greater levels of success. This is due to a few simple reasons:

→ **Images affect us more quickly and more directly than text alone.** As small children we think in images and are able to interpret and absorb them intuitively. When these pictures are linked to words, they form a unit that the mind is able to process and store efficiently.

→ **Images support comprehension.** They provide us with a context and deliver much more information than words alone.

→ **Images speak to us on an emotional level.** They capture our interest, increase our motivation, and lodge themselves in our memory in a way that pure text fails to.

→ **Images are fun.** While blocks of text may deter us, pictures keep the learning process light and easy—and that keeps us going longer.

See it, understand it, memorize it—that's how simple visual learning can be. Why don't you give it a try?

Yours,

Barron's Dictionaries

ON APPREND PLUS FACILEMENT
AVEC DES IMAGES – POURQUOI?

Chère lectrice, cher lecteur,

Depuis de nombreuses années la psychologie de l'apprentissage nous montre quel rôle important jouent les images quand il s'agit d'assimiler des notions. Le saviez-vous? Si vous voyez une image associée à un mot, vous gardez celui-ci beaucoup plus vite en mémoire que s'il se trouve simplement écrit. Et quand il s'agit non seulement de rechercher, mais aussi de comprendre et de retenir du vocabulaire dans une langue étrangère, les images vous aideront à graver ces mots plus vite et plus efficacement dans votre mémoire. Et cela pour des raisons très simples:

→ **Les images agissent plus vite et plus directement que le texte isolé.** Nous pensons en images dès la petite enfance et nous sommes capables de les décrypter, de les interpréter et de les retenir par la seule intuition. La combinaison d'images avec des mots constitue une unité que notre cerveau assimile et mémorise avec une efficacité accrue.

→ **Les images favorisent et facilitent la compréhension.** Elles fournissent des contextes et nous procurent nettement plus d'informations que le texte seul.

→ **Les images sont liées à l'affectivité.** Elles éveillent notre intérêt, augmentent notre motivation et imprègnent mieux notre mémoire que le texte seul.

→ **Les images font plaisir.** Quand la quantité de texte est décourageante, les images se chargent de nous rendre l'apprentissage plus agréable et nous y restons plus longtemps attachés.

Vu, compris et déjà retenu: l'apprentissage visuel peut être aussi facile que cela. Constatez le vous-même!

Votre

Rédaction Barron's

HOW TO GET THE MOST OUT OF YOUR DICTIONARY

strawberry
la fraise

blackberry
la mûre

raspberry
la framboise

blueberry
la myrtille

Whether you're just starting out or already have sound knowledge of your chosen language—this dictionary is the perfect companion. With around 7,500 terms in each language, it covers all areas of day-to-day usage. The combination of word and image helps you to look up, translate, and memorize words with ease. Before you start, here are a few tips on how to get the most from your dictionary:

Que vous commenciez à peine à apprendre une langue étrangère ou que vous disposiez déjà de bonnes connaissances linguistiques, peu importe: ce dictionnaire est votre compagnon idéal. Dans chaque langue, environ 7 500 termes couvrent tous les domaines de la vie quotidienne et la combinaison de l'expression et de l'image vous permet de chercher rapidement les mots, de les traduire et de les assimiler sans peine. Voici les conseils les plus importants qui vous permettront de tirer le plus grand profit de ce dictionnaire:

1. Learning words in context

You are more likely to remember words if you learn them in context. For this reason we have divided the dictionary according to different aspects of everyday living. Whichever topic you start with— be it shopping, clothing, groceries, or family—try to regard the subject in its entirety and memorize as many words belonging to it as possible. You will be amazed how many words you learn in no time at all.

1. Apprendre les mots en contexte

Les mots sont plus vite assimilés quand on les apprend en contexte. C'est la raison pour laquelle ce dictionnaire est organisé en secteurs thématiques de la vie quotidienne. Peu importe le thème dans lequel vous vous plongez, que ce soit les courses, les vêtements, l'alimentation ou la famille: considérez ce thème comme un tout, lors de l'apprentissage, et essayez de mémoriser le plus de mots possible de ce domaine thématique. Vous serez étonné de voir quelle quantité de vocabulaire vous serez capable de retenir en si peu de temps.

COMMENT TRAVAILLER EFFICACEMENT
AVEC LE DICTIONNAIRE ILLUSTRÉ

Congratulations!	Toutes mes félicitations!
Happy Birthday!	Bon anniversaire!
What time is it, please?	Quelle heure est-il, s'il vous plaît?
It's two o'clock.	Il est deux heures.
Enjoy your meal!	Bon appétit!
Cheers!	A votre santé!

①   ②

2. Key phrases at a glance

Whether asking for the time or saying happy birthday, you will find the most frequent and important phrases surrounding a topic in each of the 13 chapters. Master these key sentences and you will have laid the foundations for sound communication skills.

2. Les plus importantes formules-clés d'un coup d'œil

Qu'il s'agisse de demander l'heure dans une langue étrangère ou de souhaiter un bon anniversaire à quelqu'un, dans les 13 chapitres classés par thème, vous trouverez à côté de la simple association mot-image les phrases les plus importantes dans les situations les plus fréquentes. Si vous retenez bien ces phrases-clés, vous disposerez déjà des bases d'une communication réussie.

gluten-free
sans gluten

lactose-free
sans lactose

③

④

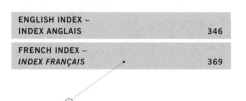

3. Translating quickly and easily

In a hurry? Simply look up a translation in the alphabetical index at the back of the book. Here you'll find every French and English word you need in no time.

3. Traduire rapidement

Quand il faut seulement faire vite, vous n'avez qu'à chercher la traduction correcte dans l'index en appendice. Chaque mot-clé y figure par ordre alphabétique en anglais et en français et on le trouve en un clin d'œil.

4. In emergencies

Pictures are universal and understood by all. Should you ever find yourself short of the words you need, simply point to what you want to say. Whether you are in a hotel, a restaurant, or out and about—pictures help you to communicate without language wherever in the world you may be.

4. En cas d'urgence

Les images sont un langage universel compris par toutes les civilisations. Si les mots devaient un jour vous manquer, montrez simplement l'image correspondante. Que ce soit à l'hôtel, au restaurant ou dans la rue, vous pourrez ainsi vous faire comprendre partout dans le monde sans avoir besoin de parler.

bank clerk
l'employée de banque
(diplômée)

teacher
le professeur

engineer
l'ingénieur

waiter
le serveur

Good to know

The terms in this dictionary are always given in the singular unless they are normally used only in their plural form.

Certain terms such as those denoting job titles may not always be gender-neutral. While it is important to treat male and female terms equally, space constraints in this dictionary have prevented us from always giving both variants. For this reason we have oriented ourselves according to the gender of the person shown in the respective image.

Ce que vous devez aussi savoir

Dans ce dictionnaire, les mots-clés sont toujours au singulier, sauf quand ils sont, en règle générale, seulement employés à la forme du pluriel.

Pour les désignations de fonctions et de professions, il était important pour nous de considérer les hommes et les femmes de la même façon et de tenir compte de l'égalité de leurs droits. Comme le manque de place ne nous permettait pas de toujours représenter les deux sexes en même temps, il nous a fallu opter chaque fois pour l'un d'eux. Dans ce cas, le genre du mot correspond toujours au sexe du personnage représenté.

PEOPLE

PERSONNES

FAMILY – **LA FAMILLE**

Family tree – L'arbre généalogique

father-in-law
le beau-père

mother-in-law
la belle-mère

sister-in-law
la belle-sœur

brother-in-law
le beau-frère

husband
le mari

wife
l'épouse

son-in-law
le gendre

daughter
la fille

son
le fils

grandson
le petit-fils

granddaughter
la petite-fille

FAMILY – **LA FAMILLE**

Family tree – L'arbre généalogique

grandfather
le grand-père

grandmother
la grand-mère

mother
la mère

father
le père

aunt
la tante

uncle
l'oncle

sister
la sœur

brother
le frère

cousin
la cousine

niece
la nièce

nephew
le neveu

relative	le/la parent/e
grandparents	les grands-parents
parents	les parents
married couple	le couple (marié)
ancestor	l'ancêtre
single	célibataire
married	marié
divorced	divorcé
engaged	fiancé
widowed	veuf
related	apparenté

RELATIONSHIPS – **RELATIONS**

Family and life's phases – Famille et époques de la vie

baby
le bébé

child
l'enfant

man
l'homme

Mr. ...
Monsieur...

teenager
l'adolescente

twins
les jumelles

woman
la femme

Mrs./Ms./Miss ...
Madame...

acquaintance
la connaissance

boy
le (jeune) garçon

girl
la (jeune) fille

friends
les amis

couple
le couple

girlfriend
l'amie

boyfriend
l'ami

adults	l'adulte
siblings	les frères et sœurs
godfather	le parrain
godmother	la marraine
stepfather	le beau-père
stepmother	la belle-mère
stepbrother	le demi-frère
stepsister	la demi-sœur
neighbor	le voisin, la voisine

RELATIONSHIPS – RELATIONS

Saying hello and goodbye – Saluer et prendre congé

to introduce somebody
présenter quelqu'un

to greet somebody
saluer quelqu'un

to shake hands
se serrer la main

to bow
s'incliner

to hug
serrer dans ses bras

to laugh
rire

to cry
pleurer

to say goodbye
prendre congé

to curtsy
faire une révérence

to wave
faire signe

to give somebody a kiss
embrasser quelqu'un

to call somebody
téléphoner à quelqu'un

Hi!	Salut!
Hello!	Bonjour!
Good morning!	Bonjour!
Good evening!	Bonsoir!
What's your name?	Comment t'appelles-tu?
What's your name?	Comment vous appelez-vous?
My name is ...	Je m'appelle ...
Welcome!	Bienvenue!
Bye!	Salut!
Goodbye!	Au revoir!

small gift
le petit cadeau

LIFE'S MILESTONES – ÉVÉNEMENTS DE LA VIE

Celebrations – Fêtes

wedding
le mariage

birthday
l'anniversaire

Christmas
(la) Noël

Valentine's Day
la Saint-Valentin

Thanksgiving
le Jour d'action de
grâce(s)

Halloween
l'halloween

New Year's Eve
la Saint-Sylvestre

Easter
(les) Pâques

Hanukkah
(la) Hanoukka

Vesakh
le Wesak

Ramadan
les fêtes de la fin du
Ramadan

Chinese new year
le Nouvel An chinois

carnival
le carnaval

Diwali	(le) Diwali
Passover	la Pâque (juive)
celebration	la fête
anniversary	l'anniversaire de mariage
public holiday	le jour férié
Mother's day	la Fête des mères
Father's day	la Fête des pères
christening	le baptême
Congratulations!	Toutes mes félicitations!
Happy birthday!	Bon anniversaire!

LIFE'S MILESTONES – ÉVÉNEMENTS DE LA VIE

Turning Points – Tournants

birth	*kindergarten*	*first day of school*	*prom*
la naissance	l'école maternelle	le premier jour d'école	le bal de fin d'études

to get engaged	*to fall in love*	*entry into the workforce*	*graduation*
se fiancer	tomber amoureux	le début de la vie professionnelle	la remise des diplômes

to marry	*pregnancy*	*to move*	*to retire*
se marier	la grossesse	déménager	prendre sa retraite

to come of age	devenir majeur
to propose to somebody	faire une demande en mariage à quelqu'un
wedding dress	la robe de mariée
bride	la mariée
groom	le marié
to start a family	fonder une famille
divorce	le divorce
to get divorced	divorcer
to die	mourir

funeral
l'enterrement

DESCRIBING PEOPLE – **DÉCRIRE LES PERSONNES**
The face – Le visage

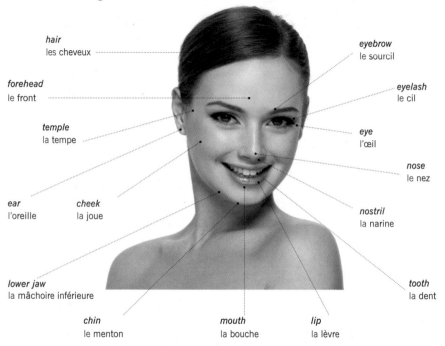

hair
les cheveux

eyebrow
le sourcil

forehead
le front

eyelash
le cil

temple
la tempe

eye
l'œil

nose
le nez

ear
l'oreille

cheek
la joue

nostril
la narine

lower jaw
la mâchoire inférieure

tooth
la dent

chin
le menton

mouth
la bouche

lip
la lèvre

to make a face
faire la grimace

skin	la peau
wrinkle	la ride
mole	le grain de beauté
dimple	la fossette
freckles	les taches de rousseur
pore	le pore
pimple	le bouton

DESCRIBING PEOPLE – **DÉCRIRE LES PERSONNES**

Hair – Les cheveux

wavy
ondulé

red-haired
rousse

bun
le chignon

brunette
brune

graying
poivre et sel

short haircut
la coupe courte

bangs
la frange

highlights
les mèches

wig
la perruque

layered style
la coupe en dégradé

bob
la coupe au carré

straight
lisse

blonde
blonde

dark
foncé

bald
chauve

ponytail
la queue de cheval

curly
frisé

braid
la tresse

DESCRIBING PEOPLE – DÉCRIRE LES PERSONNES

Outer appearance – La physionomie

beard	*mustache*	*young*	*old*
la barbe	la moustache	jeune	vieille

muscular	*braces*	*pale*	*tanned*
musclé	l'appareil dentaire	pâle	bronzée

green eyes	*brown eyes*	*gray eyes*	*blue eyes*
les yeux verts	les yeux marron	les yeux gris	les yeux bleus

attractive	séduisant
pretty	joli
ugly	laid
beautiful	beau
to judge somebody by his/her appearance	juger quelqu'un sur son apparence
slim	mince
fat	gros
tall	grand
short	petit
scar	la cicatrice

DESCRIBING PEOPLE – DÉCRIRE LES PERSONNES

Feelings and personality – Sentiments et personnalité

happy
heureuse

proud
fiers

surprised
surpris

excited
excité

embarrassed
embarrassée

confused
déconcertée

shy
timide

pensive
pensif

curious
curieux

cute
mignon

in love
amoureux

confident
sûr de soi

open	ouvert
tolerant	tolérant
patient	patient
friendly	amical
likeable	sympathique
nice	gentil
to smile	sourire
I am annoyed/happy/sad.	Je suis fâché/joyeux/triste.

DESCRIBING PEOPLE – DÉCRIRE LES PERSONNES

Feelings and personality – Sentiments et personnalité

sad
triste

stressed
stressé

irritated
irrité

furious
furieuse

jealous
jalouse

scared
effrayée

nervous
nerveuse

tired
fatigué

disgusted
dégoûté

stubborn
têtu

bored
Je m'ennuie

angry
en colère

to frown	froncer les sourcils
upset	atterré
unpleasant	antipathique
desperate	désespéré
envious	envieux
impatient	impatient
arrogant	arrogant
intolerant	intolérant
sensitive	sensible

CLOTHING – **LES VÊTEMENTS**

Baby things – Vêtements de bébé

cloth diaper
la couche en tissu

disposable diaper
la couche jetable

onesie
le corps

snow suit
la combinaison d'hiver

baby sleeping bag
le nid d'ange

rattle
le hochet

romper
la grenouillère

mitten
la mouffle

knitted hat
le bonnet

bootie
le chausson (pour bébé)

sun hat
le chapeau de soleil

sock
la socquette

pacifier
la sucette

bib
la bavette

overalls
la salopette

receiving blanket
la couverture pour bébé

baby bottle	le biberon
organic cotton	le coton bio
made of synthetic material	en fibres synthétiques

CLOTHING – **LES VÊTEMENTS**

Unisex clothing – Vêtements unisexe

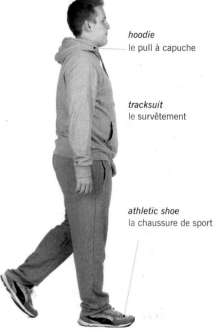

hoodie
le pull à capuche

pajamas
le pyjama

slipper
la pantoufle

tracksuit
le survêtement

bathrobe
le peignoir (de bain)

winter coat
le manteau d'hiver

athletic shoe
la chaussure de sport

raincoat
la veste imperméable

snow pants
le pantalon de ski

May I please try this on?	(Est-ce que) je peux l'essayer?
Do you have this in a bigger/smaller size?	Avez-vous aussi cela dans la taille au-dessus/au-dessous?
tight/loose	serré/large
short/long	court/long
small/big	petit/grand
This fits nicely, I'll take it.	Ça va bien, je le/la prends.
with short/long sleeves	avec les manches courtes/longues
button	le bouton
snap	la pression
buttonhole	la boutonnière

CLOTHING – **LES VÊTEMENTS**

Menswear – Vêtements pour hommes

T-shirt
le tee-shirt

polo shirt
le polo

turtleneck
le pull à col roulé

down vest
le gilet

sweater vest
le pull sans manches

bow tie
le nœud papillon

suit
le costume

collar
le col

tie
la cravate

shirt
la chemise

sports jacket
le veston

trousers
le pantalon

shorts
le caleçon

boxers
le boxer-short

underpants
le slip

bathing suit
le slip de bain

CLOTHING – **LES VÊTEMENTS**

Women's clothing – Vêtements pour dames

stockings
le bas

tights
le collant

leggings
les leggings

briefs
le slip

bikini
le bikini

swimsuit
le maillot de bain

sports bra
le soutien-gorge
de sport

bra
le soutien-gorge

frill
la ruche

maternity wear	les vêtements de grossesse
seam	la couture
sleeve	la manche
hem	l'ourlet
silk	la soie
lace	la dentelle
size	la taille
neckline	le col
strapless	sans bretelles
fitted	cintré
casual	décontracté
formal	la tenue de soirée
comfortable	confortable
stretchy	en partie extensible
fashionable	à la mode

CLOTHING – **LES VÊTEMENTS**

Women's clothing – Vêtements pour dames

bow
le nœud

dress
la robe

shoulder pad
l'épaulette

blazer
le blazer

top
le haut

jeans
le jean

ankle boot
la bottine

camisole
le caraco

blouse
le chemisier

cardigan
le chandail

skirt
la jupe

shorts
le short

straight-legged pants
le pantalon coupe
droite

bell-bottoms
le pantalon à pattes
d'éléphant

boot-cut pants
le pantalon évasé

CLOTHING – **LES VÊTEMENTS**

Accessories – Accessoires

sun hat
le chapeau de soleil

hat
le chapeau

glasses
les lunettes

sunglasses
les lunettes de soleil

backpack
le sac à dos

tiepin
l'épingle à cravate

umbrella
le parapluie

watch
la montre

suspenders
les bretelles

ring
la bague

glove
le gant

cap
le bonnet

scarf
l'écharpe

earrings
la boucle d'oreille

necklace
le collier

cuff links
les boutons de
manchette

zipper	la fermeture à glissière
Velcro®	la fermeture Velcro®
cell phone case	la pochette pour portable
travel bag	le sac de voyage
suitcase	la valise

CLOTHING – **LES VÊTEMENTS**

Shoes and leather goods – Chaussures et maroquinerie

high heel
la chaussure à talons hauts

sandals
la sandale

ballet flat
la ballerine

rain boot
la botte en caoutchouc

flip-flop
la tong

boot
la botte

handbag
le sac à main

purse
le porte-monnaie

wallet
le portefeuille

briefcase
la serviette

belt
la ceinture

leather jacket
la veste en cuir

oxford shoes
la chaussure à lacets

walking boot
la chaussure de marche

sock
la chaussette

shoelace	le lacet
belt loop	le passant
wedge heel	la semelle compensée
heel	le talon
sole	la semelle
strap	la courroie
buckle	la boucle

hiking sandal
la sandale de marche

sneakers
la tennis

PERSONAL HYGIENE –
L'HYGIÈNE CORPORELLE

toothpaste
la pâte dentifrice

perfume
le parfum

deodorant
le déodorant

face cream
la crème pour le
visage

comb
le peigne

shower gel
le gel douche

shampoo
le shampooing

conditioner
l'après-shampooing

soap
le savon

hairbrush
la brosse à cheveux

sunscreen
la crème solaire

cosmetic bag
la trousse de toilette

tweezers
la pince à épiler

nail scissors
les ciseaux à ongles

nail file
la lime à ongles

moisturizer	la crème hydratante
to *pluck one's eyebrows*	s'épiler les sourcils
depilation	l'épilation
nail polish remover	le dissolvant (à ongles)
hair product	le produit capillaire
to *blow-dry one's hair*	se faire un brushing
to *straighten one's hair*	se lisser les cheveux
scrunchie	l'élastique (pour les cheveux)

hair clip
la barrette

COSMETICS –
LES PRODUITS COSMÉTIQUES

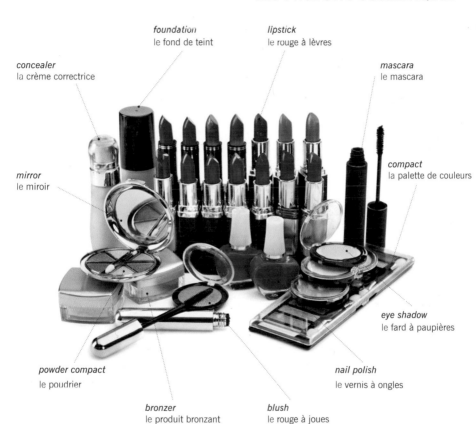

foundation
le fond de teint

lipstick
le rouge à lèvres

concealer
la crème correctrice

mascara
le mascara

mirror
le miroir

compact
la palette de couleurs

eye shadow
le fard à paupières

powder compact
le poudrier

nail polish
le vernis à ongles

bronzer
le produit bronzant

blush
le rouge à joues

brush	le pinceau
eyeliner	le crayon Khôl®
lip gloss	le brillant à lèvres
eyelash curler	le recourbe-cils

AT HOME

À LA MAISON

THE APARTMENT –
L'APPARTEMENT

front-door key
la clé de la maison

intercom
l'interphone

house number
le numéro de la maison

doorbell
la sonnette d'entrée

door lock
la serrure

doormat
le paillasson

mailbox
la boîte à lettres

detached house
la maison individuelle

**two semi-detached
houses**
les maisons jumelées

townhouse
la maison mitoyenne

apartment building
l'immeuble

bungalow
le bungalow

umbrella stand
le porte-parapluies

condominium	l'appartement en copropriété
rented apartment	le logement en location
courtyard	la cour
property	la propriété
plot	le terrain
to remodel	remodeler
extension	l'aggrandissement
for sale	à vendre

THE APARTMENT – L'APPARTEMENT

attic
le grenier

cellar
la cave

hallway
le couloir

elevator
l'ascenseur

floor plan
le plan

garage
le garage

carport
l'auvent pour voiture(s)

old building
la maison ancienne

super
le concierge

spiral staircase
l'escalier en colimaçon

smoke detector
le détecteur de fumée

stairwell
la cage d'escalier

to **rent**	louer
rent	le loyer
to **sublet**	sous-louer
landlord	le propriétaire
landlady	la propriétaire
tenant (male)	le locataire
tenant (female)	la locataire
deposit	la caution

lease agreement
le contrat de location

THE HOUSE –
LA MAISON

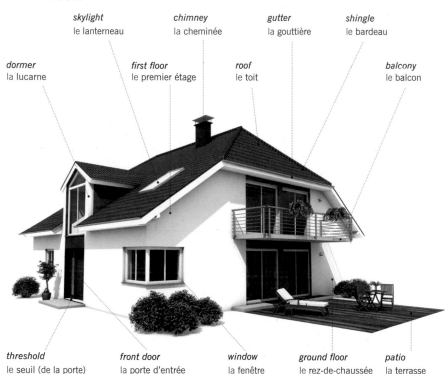

skylight
le lanterneau

chimney
la cheminée

gutter
la gouttière

shingle
le bardeau

dormer
la lucarne

first floor
le premier étage

roof
le toit

balcony
le balcon

threshold
le seuil (de la porte)

front door
la porte d'entrée

window
la fenêtre

ground floor
le rez-de-chaussée

patio
la terrasse

detached house	la maison séparée
new building	le batîment nouveau
three-room apartment	le trois-pièces
furnished	meublé
floor	l'étage
owner (male)	le propriétaire
owner (female)	la propriétaire
to take out a mortgage	prendre une hypothèque

THE HOUSE – **LA MAISON**

The entrance foyer – L'entrée

foyer
le vestibule

mirror
le miroir

armchair
le fauteuil

side table
la table de côté

front door
la porte de
l'appartement

coat stand
le portemanteau

umbrella stand
le porte-parapluies

banister
la rampe (d'escalier)

stairs
l'escalier

landing
le palier

step
la marche (d'escalier)

key hooks
le tableau des clés

coat hook
la patère

coat hanger
le cintre

shoehorn
le chausse-pied

THE HOUSE – LA MAISON

The living room – La salle de séjour

mirror
le miroir

fan
le ventilateur

picture frame
le cadre

curtain
le rideau

ceiling
le plafond

painting
le tableau

sofa
le canapé

lamp
la lampe

cushion
le coussin de canapé

end table
le bout de canapé

mantel
le manteau de cheminée

ottoman
le pouf

carpeting
la moquette

fireplace
la cheminée

armchair
le fauteuil

coffee table
la table de salon

sofa bed
le canapé-lit

cabinet
la vitrine

TV stand
le meuble de télévision

bookshelf
l'étagère

THE HOUSE – **LA MAISON**

The dining room – La salle à manger

roller shades
le store (enrouleur)

chandelier
le lustre

cabinet
la vitrine

houseplant
la plante d'appartement

window sill
le rebord de la fenêtre

runner
le chemin de table

candle
la bougie

chair
la chaise

dining table
la table (de salle à manger)

table decoration
la décoration de table

hardwood floor
le parquet

vase
le vase à fleurs

sideboard
le buffet

wall clock
l'horloge

high chair
la chaise haute

THE HOUSE – LA MAISON

The kitchen – La cuisine

custom kitchen la cuisine équipée	*recessed lights* l'éclairage intégré	*range hood* la hotte

countertop le plan de travail	*wall cabinet* le placard haut	*control knob* le bouton de commande	*stove* la cuisinière	*oven* le four

sink l'évier	*kitchen stool* le tabouret de cuisine	*drawer* le tiroir	*fridge* le réfrigérateur

breakfast bar le comptoir à petit-déjeuner	*dishwasher* le lave-vaisselle	*freezer* le congélateur

dish towel
le torchon à vaisselle

garbage pail	la poubelle
waste separation	le tri sélectif
packaging	l'emballage
glass for recycling	le verre de recyclage
to *preheat the oven*	faire préchauffer le four
to *run the dishwasher*	faire tourner le lave-vaisselle
to *thaw food*	décongeler la nourriture
to *drain the sink*	vider l'évier

THE HOUSE – LA MAISON

Kitchen appliances – Appareils électroménagers

hand-held blender
le mixeur plongeant

blender
le mixeur

food processor
le robot de cuisine

microwave
le (four à) micro-ondes

hand mixer
le batteur

electric kettle
la bouilloire

waffle iron
le gaufrier

electric barbeque
le gril électrique

toaster
le grille-pain

kitchen scale
la balance de cuisine

pressure cooker
l'autocuiseur

sandwich toaster
l'appareil à sandwichs

coffee machine
la cafetière électrique

steam cooker
le cuiseur à vapeur

raclette grill
le gril à raclette

rice cooker
le cuiseur à riz

THE HOUSE – LA MAISON

Cooking and baking utensils – Ustensiles de cuisine

egg timer
le minuteur

cookie cutter
l'emporte-pièce

paper towel roll
le rouleau d'essuie-tout

apron
le tablier

cupcake liners
le moule à muffin
en papier

cupcake pan
le moule à tartelette

springform pan
le moule à fond amovible

baking tray
la plaque de four

knife sharpener
l'aiguiseur de couteau

pastry wheel
la roulette de pâtissier

oven mitt
le gant de cuisine

tray
le plateau

hourglass
le sablier

cake rack	la grille à gâteau
piping bag	la poche (à douilles)
parchment paper	le papier sulfurisé
plastic wrap	le film plastique
cleaning rag	la lavette
tinfoil	le papier aluminium
freezer bag	le sachet de congélation
mixing bowl	le bol mélangeur

THE HOUSE – LA MAISON

Cooking and baking utensils – Ustensiles de cuisine

peeler
l'épluche-légumes

grater
la râpe

meat cleaver
le couperet

kitchen knife
le couteau de cuisine

sieve
la passoire

colander
la passoire

potato masher
le presse-purée

garlic press
le presse-ail

ladle
la louche

whisk
le fouet

skewer
la brochette

can opener
l'ouvre-boîte

mortar	le mortier
pestle	le pilon
knife block	le bloc porte-couteaux
meat mallet	l'attendrisseur
egg slicer	le coupe-œuf
ice-cream scoop	la cuillère à glace
Thermos®	la Thermos®
dishcloth	la lavette

cutting board
la planche à découper

THE HOUSE – **LA MAISON**

Cooking and baking utensils – Ustensiles de cuisine

corkscrew
le tire-bouchon

pastry brush
le pinceau à pâtisserie

rolling pin
le rouleau à pâtisserie

slotted spatula
la pelle (à poêle)

tongs
la pince

kitchen spatula
la spatule

serving spoon
la cuillère de service

wooden spoon
la cuillère en bois

frying pan
la sauteuse

wok
le wok

saucepan
la casserole

casserole
la cocotte

ramekin
le ramequin

carving fork	la fourchette à découper
trivet	le dessous-de-plat
grilling pan	la poêle à frire
measuring cup	le verre mesureur
funnel	l'entonnoir
measuring spoon	la cuillère doseuse
draining board	l'égouttoir
bottle opener	le décapsuleur

THE HOUSE – **LA MAISON**

The bedroom – La chambre à coucher

duvet cover
la housse de couette

duvet
la couette

headboard
la tête (de lit)

double bed
le lit à deux places

pillow
l'oreiller

pillowcase
la taie d'oreiller

bedside lamp
la lampe de chevet

chest of drawers
la commode

bed frame
le bois de lit

sheet
le drap

rug
le tapis

ottoman
le pouf

mattress
le matelas

bedside table
la table de chevet

wardrobe	l'armoire
alarm clock	le réveil
to set the alarm clock	régler le réveil
hot-water bottle	la bouillotte
electric blanket	la couverture chauffante
bedspread	le couvre-lit
sleep mask	le masque de sommeil
en suite bathroom	la chambre avec salle de bains

THE HOUSE – LA MAISON
The nursery – La chambre d'enfant(s)

ball
la balle

doll
la poupée

crib
le lit à barreaux

soft blanket
la couverture douce

mobile
le mobile

bar
le barreau

diaper bag
le sac pour accessoires
de bébé

stroller
la poussette

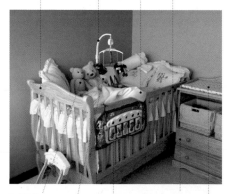

teddy bear
le nounours

cuddly toy
l'animal en peluche

changing table
la table à langer

changing mat
le matelas à langer

toy
le jouet

baby monitor
l'interphone pour bébé

playpen
le parc pour enfants

potty
le pot

baby carrier
la nacelle

backpack
le cartable

building blocks
les pièces de jeu de
construction

THE HOUSE – LA MAISON

The teenager's bedroom – La chambre d'adolescent

single bed
le lit pour une personne

pendant light
la suspension

desk
le bureau

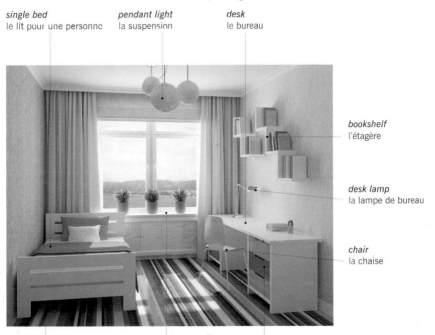

bookshelf
l'étagère

desk lamp
la lampe de bureau

chair
la chaise

carpeting
la moquette

window sill
le rebord de la fenêtre

drawer
le tiroir

bunk bed	les lits superposés
to sleep	dormir
to go to sleep	s'endormir
to sleep in	faire la grasse matinée
to be awake	être réveillé
to dream	rêver
to snore	ronfler
nightmare	le cauchemar

to be sound asleep	être profondément endormi
to wake up	se réveiller
to make the bed	faire le lit
to get up	se lever
to go to bed	aller se coucher
to clean one's room	ranger la chambre

THE HOUSE – **LA MAISON**

The study – Le bureau

picture frame le cadre	*patio door* la porte de la véranda	*bookcase* la bibliothèque	*houseplant* la plante d'appartement
photo la photo	*daylight* la lumière du jour	*laptop* l'ordinateur portable	*back rest* le dossier

armchair le fauteuil	*desk* le bureau	*roller bin* le caisson à roulettes	*swivel chair* la chaise pivotante	*arm rest* l'accoudoir

document	le document
tax return	la déclaration d'impôts
to *work*	travailler
to *concentrate*	se concentrer
overtime	les heures supplémentaires
to *work from home*	travailler depuis chez soi
to *take a break*	faire une pause
to *be self-employed*	être travailleur indépendant

THE HOUSE – LA MAISON

The bathroom – La salle de bains

mirror
le miroir

sink
le lavabo

soap dispenser
le distributeur à savon

sink cabinet
le meuble sous-lavabo

shower stall
la cabine de douche

shower
la douche

towel bar
le porte-serviettes

towel
la serviette de toilette

faucet
le robinet

bathtub
la baignoire

toilet
les W.-C.

toilet flush
la chasse d'eau

toilet tank
le réservoir de chasse d'eau

to go to the bathroom
aller aux toilettes

toilet lid
l'abattant de W.-C.

toilet seat
la lunette de W.-C.

toilet bowl
la cuvette de W.-C.

toilet brush
la brosse à W.-C.

toilet paper
le papier hygiénique

air freshener
le parfum d'ambiance

toilet sanitizer
le désodorisant W.-C.

THE HOUSE – LA MAISON

Heating and plumbing – Installations sanitaires

electric boiler
le chauffe-eau électrique

wall-mounted gas boiler
l'appareil de chauffage mural
au gaz

container
le ballon (d'eau chaude)

thermostat
le thermostat

warm water supply
la sortie d'eau chaude

cold water supply
l'arrivée d'eau froide

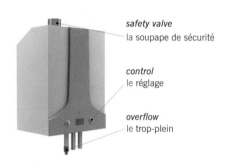

safety valve
la soupape de sécurité

control
le réglage

overflow
le trop-plein

sink
le lavabo

toilet tank
le réservoir de chasse d'eau

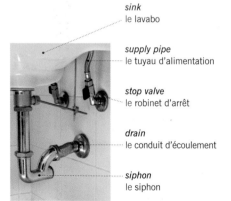

supply pipe
le tuyau d'alimentation

stop valve
le robinet d'arrêt

drain
le conduit d'écoulement

siphon
le siphon

flush valve
la cloche de chasse
d'eau

overflow
le trop-plein

THE HOUSE – **LA MAISON**

In the bathroom – Dans la salle de bains

cotton wool pad
le coton à démaquiller

exfoliating sponge
l'éponge de douche

curling iron
le fer à friser

hair straightener
le lisseur (à cheveux)

electric razor
le rasoir électrique

sponge cloth
le carré vaisselle

dental floss
le fil dentaire

toothbrush
la brosse à dents

tissue
le mouchoir

cotton swab
le coton-tige

hairdryer
le sèche-cheveux

shaving cream
la mousse à raser

razor
le rasoir

washcloth	le gant de toilette
mouthwash	le rince-bouche
to shave	se raser
to freshen up	se rafraîchir
to put on makeup	se maquiller
to brush one's teeth	se brosser les dents
aftershave	l'après-rasage
showerhead	la pomme de douche
shower curtain	le rideau de douche
bathmat	le tapis de bain
to wash	se laver
to take a bath	se baigner
to turn on/off the faucet	ouvrir/fermer le robinet
to shower	se doucher

THE HOUSE – **LA MAISON**

The laundry room – La buanderie

washing machine
le lave-linge

laundry basket
le panier à linge

folded laundry
le linge plié

detergent drawer
le tiroir à lessive

front-loader
le lave-linge à
chargement frontal

stain remover
le détachant

fabric softener
l'assouplissant

clothesline
la corde à linge

clothespin
la pince à linge

bleach
l'eau de Javel

laundry detergent
la lessive en poudre

iron
le fer à repasser

ironing board
la planche à repasser

to *fill the washing machine*	remplir le lave-linge
to *do the laundry*	faire la lessive
to *spin cycle*	essorer le linge
drying rack	le séchoir (à linge)
clothes dryer	le sèche-linge
laundry basket	le panier à linge sale
to *hang up the laundry for drying*	étendre le linge
to *iron*	repasser

THE HOUSE – LA MAISON

Cleaning equipment – Articles ménagers

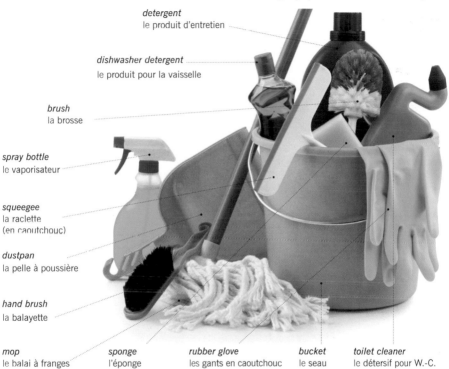

detergent
le produit d'entretien

dishwasher detergent
le produit pour la vaisselle

brush
la brosse

spray bottle
le vaporisateur

squeegee
la raclette
(en caoutchouc)

dustpan
la pelle à poussière

hand brush
la balayette

| *mop* | *sponge* | *rubber glove* | *bucket* | *toilet cleaner* |
| le balai à franges | l'éponge | les gants en caoutchouc | le seau | le détersif pour W.-C. |

to *scrub*	frotter
to *sweep*	balayer
to *polish*	polir
to *clean*	nettoyer
to *wipe*	essuyer
vacuum cleaner	l'aspirateur
to *vacuum*	passer l'aspirateur
feather duster	le plumeau

scrubbing brush
la brosse à récurer

THE HOUSE – LA MAISON

The workshop – L'atelier de bricolage

hand saw
la scie à main

scissors
les ciseaux

screw
la vis

nut
l'écrou

open-end wrench
la clé (à fourches)

mallet
le maillet

wrench
la clé serre-tubes

tape measure
le mètre à ruban

nail
le clou

hammer
le marteau

sandpaper
le papier de verre

level
le niveau à bulle

pliers
la pince universelle

screwdriver
le tournevis

metal saw
la scie à métaux

carpet knife
le cutter (à moquette)

THE HOUSE – LA MAISON

The workshop – L'atelier de bricolage

cordless drill
la perceuse sans fil

battery pack
la batterie

drill bit
le foret

electric drill
la perceuse électrique

wood chisel	le ciseau à bois
riveting pliers	la pince à rivets
wire cutter	la pince coupante
blade	la lame (de scie)
to *screw*	visser
to *solder*	souder
to *measure*	mesurer
to *sand*	polir au papier de verre
to *saw*	scier
to *cut*	couper
to *drill*	percer
to *hammer*	marteler
to *file*	limer
to *chisel out*	creuser au ciseau
to *rivet*	riveter
to *paint*	peindre
to *plane*	raboter

glue gun
le pistolet à colle

jigsaw
la scie sauteuse

belt sander
la ponceuse à bande

circular saw
la scie circulaire

THE HOUSE – **LA MAISON**

The workshop – L'atelier de bricolage

trash bag
le sac à ordures

microfiber cloth
le torchon en microfibres

caulking
le mastic de calfeutrage

caulking gun
le pistolet à calfeutrer

pocket knife
le couteau de poche

toolbox
la caisse à outils

workbench
l'établi

Allen key®
la clé Allen®

safety goggles
les lunettes de protection

soldering iron
le fer à souder

solder
la soudure à l'étain

broom
le balai

plywood	le contreplaqué
chipboard	le panneau de particules
varnish	le vernis
metal	le métal
stainless steel	l'acier inoxydable
plastic	le plastique
wire	le fil métallique
plank of wood	la planche de bois

THE HOUSE – LA MAISON

Decorating – Rénover

acrylic paint
la laque acrylique

trim brush
le pinceau plat

paint roller
le rouleau à peinture

handyman
l'artisan

ladder
l'échelle

overalls
la salopette

paint tray
le bac à peinture

paint thinner
le (produit) diluant

scraper
la spatule

paint can
le pot de peinture

to wallpaper
tapisser

roll of wallpaper
le rouleau de papier peint

pasting table
la table à tapisser

paint
la peinture

masking tape
le ruban adhésif

to tile	carreler
to plaster	plâtrer
to fill	mastiquer (à la spatule)
to strip off wallpaper	enlever le papier peint
dustsheet	le film de protection
filler	le mastic
solvent	le (produit) dissolvant
sealant	le produit d'étanchéité

color chart
le nuancier

THE HOUSE – **LA MAISON**

Electricity and heating – Chauffage et électricité

electricity meter
le compteur électrique

fuse
le fusible

radiator
le radiateur

wood stove
le poêle à bois

plug
la fiche (d'alimentation)

socket
la prise (de courant)

low-energy light bulb
l'ampoule à faible
consommation

light bulb
l'ampoule

light bulb base
la culot (de lampe)

filament
le filament

extension cord
la rallonge

switch
l'interrupteur

power strip
la prise multiple

to *turn the heating on/off*	mettre/couper le chauffage
renewable energy	l'énergie renouvelable
power supply	le réseau électrique
current	l'intensité de courant
voltage	la tension
solar heating	le chauffage solaire
central heating	le chauffage central
underfloor heating	le chauffage par le sol
fuse box	la boîte à fusibles
wiring	l'installation électrique
Watt	le watt
volt	le volt
ground	la prise de terre

THE GARDEN –
LE JARDIN

patio
la terrasse

garden pond
la pièce d'eau

garden path
l'allée de jardin

vegetable garden
le (jardin) potager

kitchen herbs
les fines herbes

greenhouse
la serre

garden shed
l'abri de jardin

flowerbed
le parterre (de fleurs)

garden bench
le banc de jardin

patio furniture
les meubles de jardin

garden wall
le mur de jardin

roof garden
la terrasse-jardin

composter
le composteur

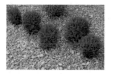

rock garden
la rocaille

fence
la clôture de jardin

hedge
la haie

THE GARDEN – LE JARDIN

Gardening tools – Outils de jardinage

pruning shears
le sécateur

garden hose
le tuyau d'arrosage

potted plant
la plante en pot

hand rake
le râteau à main

trowel
le transplantoir

lawn rake
le balai à feuilles

spade
la bêche

watering can
l'arrosoir

gardening glove
le gant de jardinage

lawnmower
la tondeuse à gazon

edge trimmer
le taille-bordures

rake
le râteau

pitchfork
la fourche

wheelbarrow
la brouette

hedge clippers
la cisaille à haies

hoe
la binette

sprinkler
l'arroseur rotatif

THE GARDEN – LE JARDIN

Garden work – Jardinage

to lay turf
poser du gazon

to water the lawn
arroser la pelouse (au jet)

to rake the leaves
ratisser les feuilles

to plant
planter

to trim
tailler

to mow the lawn
tondre la pelouse

to weed
arracher les mauvaises
herbes

to dig
bêcher

to prune
rabattre

to pick
cueillir

to sow
semer

to spray
arroser (en pluie)

to fertilize	mettre de l'engrais
to harvest	récolter
to cultivate	cultiver
to reproduce	multiplier
to water	arroser (à l'arrosoir)
seedling	le semis
fertilizer	l'engrais
weedkiller	l'herbicide

to pot (a plant)
empoter

FOOD AND DRINK

BOIRE ET MANGER

ANIMAL PRODUCTS – **PRODUITS ANIMAUX**

Meat – Viande

lamb
l'agneau

beef
le bœuf

steak
le steak

pork
le porc

fillet
le filet

veal
le veau

shank
le jarret

chop
la côtelette

liver
le foie

kidney
le rognon

rabbit
le lapin

ham
le jambon

ground meat
la viande hachée

sausage
la saucisse

cold cuts
la charcuterie en
tranches

salami
le saucisson sec

ANIMAL PRODUCTS – **PRODUITS ANIMAUX**

Poultry – Volaille

chicken
le poulet

breast
le blanc

thigh
la cuisse

wing
l'aile

chicken drumstick
la cuisse de poulet

duck
le canard

raw duck
le canard cru

goose
l'oie

raw goose
l'oie crue

quail
la caille

raw quail
la caille crue

turkey
la dinde

turkey meat
la viande de dinde

organic product	le produit bio
offal	les tripes
marinated	mariné
smoked	fumé
cured	salé
to roast	rôtir
to braise	faire braiser
to grill	griller

free-range
élevé en plein air

ANIMAL PRODUCTS – **PRODUITS ANIMAUX**

Fish – Poisson

trout
la truite

carp
la carpe

pike perch
le sandre

monkfish
la lotte

mackerel
le maquereau

sole
la sole

sardine
la sardine

flounder
le carrelet

eel
l'anguille

tuna
le thon

cod
le cabillau

sea bass
le loup de mer

salmon
le saumon

halibut
le flétan

caviar
le caviar

fish steak
le steak de poisson

ANIMAL PRODUCTS – **PRODUITS ANIMAUX**

Seafood – Fruits de mer

shrimp
la crevette

lobster
le homard

crab
le crabe

crayfish
l'écrevisse

blue mussel
la moule

scallop
le pétoncle

Venus clam
la praire

cockle
la coque

oyster
l'huître

squid
le calmar

octopus
le poulpe

smoked fish
le poisson fumé

fillet	le filet
smoked	fumé
to *fillet a fish*	enlever les arêtes du poisson
bone	l'arête
scale	l'écaille
to *scale*	écailler
frozen	congelé
fresh	frais

canned fish
le poisson en conserve

ANIMAL PRODUCTS – **PRODUITS ANIMAUX**

Dairy products and eggs – Produits laitiers et œufs

cream
la crème

milk
le lait

cottage cheese
le cottage®

goat cheese
le fromage de chèvre

farmer's cheese
le fromage blanc

yogurt
le yaourt

Brie
le brie

Gorgonzola
le gorgonzola

feta
la feta

chicken egg
l'œuf (de poule)

eggshell
la coquille (d'œuf)

egg white
le blanc d'œuf

egg yolk
le jaune d'œuf

quail egg
l'œuf de caille

goose egg
l'œuf d'oie

ANIMAL PRODUCTS – **PRODUITS ANIMAUX**

Dairy products and eggs – Produits laitiers et œufs

egg carton
la boîte d'œufs

butter
le beurre

Parmesan
le parmesan

Swiss cheese
l'emmenthal

cheddar
le cheddar

raclette cheese
le fromage à raclette

Camembert
le camembert

Gouda
le gouda

mozzarella
la mozzarella

grated cheese
le fromage râpé

buttermilk
le petit-lait

cream cheese
le fromage frais

cow's milk	le lait de vache
goat's milk	le lait de chèvre
lactose-free milk	le lait sans lactose
soy milk	le lait de soja
homogenized	homogénéisé
pasteurized	pasteurisé
low-fat	demi-écrémé
whole milk	le lait entier

condensed milk
le lait concentré

VEGETABLES –
LÉGUMES

truffle
la truffe

button mushroom
le champignon de Paris

porcini mushroom
le cèpe

chanterelle
la girolle

asparagus
l'asperge

kohlrabi
le chou-rave

rhubarb
la rhubarbe

Swiss chard
la bette à carde

fennel
le fenouil

celery
le céleri

artichoke
l'artichaut

cress
le cresson

watercress
le cresson de fontaine

leaf	la feuille
stalk	le trognon
floret	le fleuron
heart	le cœur
tip	la pointe
steamed vegetables	les légumes à la vapeur
organic	de culture biologique
locally grown	de production locale

VEGETABLES – LÉGUMES

Root vegetables – Légumes à racine comestible

sweet potato la patate douce	*carrot* la carotte	*potato* la pomme de terre	*shallot* l'échalote

red onion l'oignon rouge	*parsnip* le panais	*garlic* l'ail	*turnip* le navet

onion l'oignon	*radish* le radis	*scallion* la ciboule	*beet* la betterave rouge

clove of garlic	la gousse d'ail
bulb of garlic	la tête d'ail
root	la racine
bitter	amer
raw	cru
hot	fort
mealy	à chair farineuse
waxy	à chair ferme

leek
le poireau

VEGETABLES – LÉGUMES

Leafy vegetables – Légumes-feuilles

broccoli
le brocoli

red cabbage
le chou rouge

savoy cabbage
le chou de Milan

Brussels sprout
le chou de Bruxelles

cauliflower
le chou-fleur

white cabbage
le chou pommé blanc

lettuce
la laitue

iceberg lettuce
la salade iceberg

romaine lettuce
la (salade) romaine

endive
l'endive

lamb's lettuce
la mâche

spinach
les épinards

arugula
la roquette

escarole
la scarole

VEGETABLES – LÉGUMES
Fruit vegetables – Légumes-fruits

sweet pepper
le poivron

zucchini
la courgette

eggplant
l'aubergine

tomato
la tomate

cherry tomato
la tomate cerise

olive
l'olive

okra
le gombo

chili
le piment fort

avocado
l'avocat

cucumber
le concombre

pumpkin
la citrouille

butternut squash
la courge musquée

to peel	éplucher
to cut	couper
raw	cru
boiled	bouilli
cooked	mijoté
purée	la purée
mashed	réduit en purée
to fry	frire

corn on the cob
l'epi de maïs

VEGETABLES – LÉGUMES
Legumes – Légumineuses

green lentil
la lentille verte

fava bean
la fève

black bean
le haricot noir

pea
le petit pois

chickpea
le pois chiche

red lentil
la lentille blonde

green bean
le haricot vert

snow pea
le mange-tout

kidney bean
le haricot rouge

lima bean
le haricot de Lima

brown lentil
la grosse lentille

pod	la cosse
kernel	le noyau
seed	la graine
bean sprouts	les germes de soja
soy bean	la graine de soja
mung bean	le haricot mungo
black-eyed pea	le dolique à œil noir

FRUIT – **FRUITS**
Berries and stone fruits – Baies et fruits à noyau

strawberry
la fraise

raspberry
la framboise

redcurrants
les groseilles rouges

blackberry
la mûre

blueberry
la myrtille

blackcurrants
les cassis

grape
le raisin

gooseberry
la groseille à maquereau

cranberry
l'airelle rouge

cherry
la cerise

elderberry
la baie de sureau

peach
la pêche

nectarine
la nectarine

plum
la prune

apricot
l'abricot

apple
la pomme

pear
la poire

quince
le coing

FRUIT – **FRUITS**

Exotic fruit – Fruits exotiques

fig
la figue

pepino
le pepino

physalis
le physalis

lychee
le litchi

star fruit
la carambole

pineapple guava
la goyave ananas

papaya
la papaye

cherimoya
la chérimole

passion fruit
le fruit de la passion

mangosteen
le mangoustan

pomegranate
la grenade

horned melon
le kiwano

rambutan
le rambutan

dragon fruit
le fruit du dragon

pineapple
l'ananas

guava
la goyave

banana
la banane

kiwi
le kiwi

mango
la mangue

coconut
la noix de coco

FRUIT – **FRUITS**

Citrus fruit and melons – Agrumes et melons

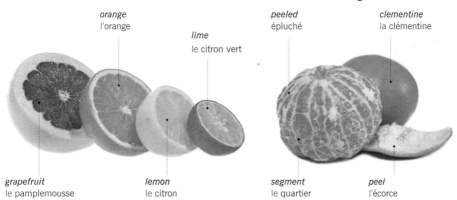

orange
l'orange

lime
le citron vert

peeled
épluché

clementine
la clémentine

grapefruit
le pamplemousse

lemon
le citron

segment
le quartier

peel
l'écorce

canteloupe
le cantaloup

honeydew melon
le melon miel

watermelon
la pastèque

blood orange
l'orange sanguine

seedless	sans pépins
juicy	juteux
crunchy	croquant
core	le trognon
sour	acide
ripe	mûr
fresh	frais
rotten	pourri

kumquat
le kumquat

FRUIT – FRUITS

Nuts and dried fruit – Noix et fruits secs

cashew nut
la noix de cajou

almond
l'amande

chestnut
la châtaigne

walnut
la noix

hazelnut
la noisette

peanut
la cacahuète

pecan nut
la noix de pécan

macadamia nut
la noix de macadamia

pine nut
le pignon (de pin)

raisin
le raisin sec

sultana
le raisin de Smyrne

prune
le pruneau

date
la datte

Brazil nut	la noix du Brésil
pistachio	la pistache
roasted	grillé
salted	salé
nuts and raisins	les noix et les raisins secs
nutcracker	le casse-noisettes
nutshell	la coque de noix
to crack a nut	casser une noix

HERBS AND SPICES – **HERBES ET CONDIMENTS**

Herbs – Herbes

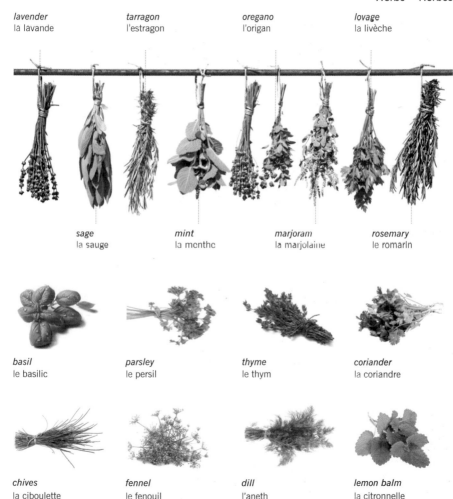

lavender
la lavande

tarragon
l'estragon

oregano
l'origan

lovage
la livèche

sage
la sauge

mint
la menthe

marjoram
la marjolaine

rosemary
le romarin

basil
le basilic

parsley
le persil

thyme
le thym

coriander
la coriandre

chives
la ciboulette

fennel
le fenouil

dill
l'aneth

lemon balm
la citronnelle

HERBS AND SPICES – **HERBES ET CONDIMENTS**

Spices – Épices

star anise
l'anis étoilé

bay leaf
la feuille de laurier

coriander
la coriandre

cinnamon bark
l'écorce de cannelle

turmeric
le curcuma

curry powder
le curry

paprika
le paprika

pepper
le poivre

nutmeg
la noix de muscade

cardamom
la cardamome

cloves
les clous de girofle

ginger
le gingembre

crushed chillies
le piment rouge en
poudre

chili
le piment

fennel
le fenouil

garam masala
le garam masala

HERBS AND SPICES – **HERBES ET CONDIMENTS**

Seasoning and sauces – Assaisonnements et sauces

pepper
le poivre

salt
le sel

vinegar
le vinaigre

olive oil
l'huile d'olive

pepper mill
le moulin à poivre

salsa
la sauce salsa

ketchup
le ketchup

mustard
la moutarde

mayonnaise
la (sauce) mayonnaise

crushed	broyé
ground	moulu
grated	râpé
salt shaker	la salière
salad dressing	la (sauce) vinaigrette
to season	assaisonner
to dress a salad	assaisonner la salade
to marinate	faire mariner

soy sauce
la sauce de soja

GRAINS AND FLOUR –
CÉRÉALES ET FARINES

spelt
l'épeautre

pumpkin seeds
la graine de courge

sunflower seeds
la graine de tournesol

quinoa
le quinoa

wild rice
le riz sauvage

oats
l'avoine

barley
l'orge

brown rice
le riz complet

corn
le maïs

millet
le millet

wheat
le blé

couscous
le couscous

buckwheat
le sarrasin

basmati rice
le riz basmati

bulgur
le boulgour

rice
le riz

GRAINS AND FLOUR – CÉRÉALES ET FARINES

spaghetti
les spaghettis

penne
les pennes

tagliatelle
les tagliatelles

ravioli
les raviolis

fusilli
les fusillis

rigatoni
les rigatonis

tortellini
les tortellinis

wheat flour
la farine de blé

cornflour
la farine de maïs

yeast
la levure

dough
la pâte

baking powder	la levure chimique
gluten-free flour	la farine sans gluten
rye flour	la farine de seigle
whole wheat flour	la farine de blé complet
to sift	tamiser
to knead	pétrir
to stir	mélanger
to bake	faire cuire au four

rice noodles
les nouilles de riz

GRAINS AND FLOUR – CÉRÉALES ET FARINES

Bread – Pains

pretzel
le bretzel

croissant
le croissant

baguette
la baguette

pumpernickel bread
le pain noir

white bread
le pain blanc

whole wheat bread
le pain complet

multigrain bread
le pain mixte

rye bread
le pain de seigle

flatbread
le pain pita

tortilla
la tortilla

toast
le pain grillé

sourdough bread
le pain au levain

roll
le petit pain

bagel
le bagel

filled roll
le petit pain garni

crispbread
le pain suédois

GRAINS AND FLOUR – CÉRÉALES ET FARINES

Spreads – Garnitures à tartiner

jar
le pot

honey
le miel

honeydew honey
le miel de miellat

clear honey
le miel liquide

lemon curd
la crème de citron

jam
la confiture

preserves
la confiture

maple syrup
le sirop d'érable

peanut butter
le beurre de cacahuète

chocolate spread
la pâte à tartiner au chocolat

margarine
la margarine

loaf
la miche

slice
la tranche

breadcrumbs
la chapelure

sandwich
le sandwich

GRAINS AND FLOUR – CÉRÉALES ET FARINES
Cakes and pastries – Gâteaux et biscuits

cheesecake
le gâteau au fromage blanc

chocolate cake
le gâteau au chocolat

muffin
le muffin

macaroon
le macaron

gingerbread
le pain d'épices

lady finger
la génoise

doughnut
le beignet

Bundt cake
le kouglof

fruit pie
la tarte aux fruits

Black Forest cake
la forêt noire

plum tart
la tarte aux quetches

Linzer tart
la tarte de Linz

jam tart
la tartelette à la confiture

icing	le glaçage
marzipan	la pâte d'amandes
birthday cake	le gâteau d'anniversaire
birthday candle	la bougie d'anniversaire
cake decoration	la décoration de gâteau
pastry	la pâtisserie
éclair	l'éclair
meringue	la meringue

GRAINS AND FLOUR – CÉRÉALES ET FARINES

Desserts – Desserts

apple strudel
le strudel aux pommes

tiramisu
le tiramisu

ice cream
la crème glacée

scoop of ice cream
la boule de glace

cone
la gaufrette

pancakes
la crêpe épaisse

crêpe
la crêpe (bretonne)

sundae
le sundae

flan
la crème caramel

mousse
la mousse

whipped cream
la crème fouettée

crème brûlée
la crème brûlée

panna cotta
la panna cotta

gelatin
la gelée

fruit salad
la salade de fruits

DRINKS – BOISSONS
Soft drinks – Boissons rafraîchissantes

water
l'eau

tonic water
l'eau tonique

orange juice
le jus d'orange

tomato juice
le jus de tomate

non-alcoholic beer
la bière sans alcool

carrot juice
le jus de carotte

cola
le coca

lemonade
la limonade

iced coffee
le café liégeois

iced chocolate
le chocolat glacé

iced tea
le thé glacé

apple juice
le jus de pomme

milkshake
le milk-shake

juice extractor	le presse-fruits
freshly squeezed grapefruit juice	le jus de pamplemousse fraîchement pressé
bottled water	l'eau en bouteille
tap water	l'eau du robinet
sparkling water	l'eau minérale gazeuse
mineral water	l'eau minérale
sparkling cider	le jus de pomme gazeux
blackcurrant juice	le jus de cassis

DRINKS – **BOISSONS**

Hot drinks – Boissons chaudes

espresso
l'expresso

coffee to go
le café à emporter

lid
le couvercle

coffee beans
les grains de café

Amaretto
l'amaretto

cup
le gobelet

milk froth
la mousse de lait

tea bag
le sachet de thé

teapot
la théière

tea leaves
les feuilles de thé

black tea
le thé noir

latte
le latte macchiato

coffee
le café

cappuccino
le cappuccino

coffee with milk
le café au lait

mint tea
le thé à la menthe

chamomile tea
la camomille

herbal tea
la tisane

mulled wine
le vin chaud

DRINKS – **BOISSONS**

Alcoholic drinks – Boissons alcoolisées

on the rocks
avec des glaçons

cocktail
le cocktail

sangria
la sangria

whiskey
le whisky

gin and tonic
le gin tonic

rum
le rhum

beer
la bière

lager
la bière blonde

dark beer
la bière brune

vodka
la vodka

rosé wine
le vin rosé

white wine
le vin blanc

red wine
le vin rouge

sparkling wine
le vin mousseux

tequila
la tequila

brandy	le cognac
schnapps	le schnaps
sherry	le sherry
liqueur	la liqueur
cider	le cidre
spritzer	le vin coupé d'eau gazeuse
wheat beer	la bière blanche (de froment)
champagne	le champagne

COOKING – CUISINER

Food preparation – Préparation

to *peel*
éplucher

to *chop*
hacher

to *whisk*
battre

to *grate*
râper

to *crush*
piler

to *glaze*
glacer

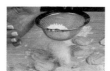

to *sift*
tamiser

to *mash*
faire une purée

to *tenderize*
attendrir

to *roll*
étendre au rouleau

to *add salt*
saler

to *cut out*
découper

to *roast*	faire rôtir
to *boil*	faire bouillir
to *simmer*	faire mijoter
to *grill*	faire griller
to *sauté*	faire revenir
to *fry*	faire frire
to *deep fry*	frire
to *poach*	pocher

to *sprinkle*
saupoudrer

MEALS AND DISHES – PLATS ET REPAS
Breakfast – Le petit-déjeuner

bread
le pain

orange juice
le jus d'orange

roll
le petit pain

milk
le lait

cheese
le fromage

jam
la confiture

cappuccino
le cappuccino

boiled egg
l'œuf à la coque

muesli
le muesli

melon
le melon

ham
le jambon

butter
le beurre

cereal
les céréales

croissant
le croissant

cornflakes
les cornflakes

fruit yogurt
le yaourt aux fruits

fresh fruit
le fruit frais

cereal bar
la barre de céréales

wheatgerm
les germes de blé

MEALS AND DISHES – **PLATS ET REPAS**

Breakfast – Le petit-déjeuner

toast
le pain grillé

grilled tomato
la tomate grillée

baked beans
les haricots à la
sauce tomate

hash brown
les galettes de pommes
de terre

black pudding	*bacon*	*mushrooms*	*sausage*	*fried egg*
le boudin	le bacon	les champignons	la saucisse	l'œuf au plat

scrambled eggs
l'œuf brouillé

omelette
l'omelette

French toast
le pain perdu

waffle
la gaufrette

pancake
la crêpe épaisse

oatmeal
la bouillie d'avoine

smoothie
le smoothie

hot chocolate
le chocolat chaud

MEALS AND DISHES – **PLATS ET REPAS**

Snacks and sweets – Casse-croûte et bonbons

chips
les chips

pretzels
les bretzels

popcorn
le pop-corn

hard candy
le bonbon

gummy bears
l'ourson en gélatine

licorice
la réglisse

chewing gum
le chewing-gum

lollipop
la sucette

white chocolate
le chocolat blanc

chocolate bar
la barre de chocolat

dark chocolate
le chocolat noir

milk chocolate
le chocolat au lait

popsicle
la sucette glacée

frozen yogurt
le yaourt glacé

cookie
le biscuit

chocolate
le morceau de chocolat

MEALS AND DISHES – **PLATS ET REPAS**

Fast food – La restauration rapide

slice of pizza
la part de pizza

pizza
la pizza

burger
le hamburger

fries
les pommes frites

tortilla chips
les chips tortillas

taco
le taco

stir-fry noodles
les nouilles frites

sushi
le sushi

hot dog
le hot dog

gyro
le kébab

wrap
le wrap

fish and chips
le poisson frit avec
des frites

I would like to order takeout, please.	Je voudrais commander quelque chose à emporter, s'il vous plaît.
An order of fries with ketchup and mayonnaise, please.	Une portion de frites avec du ketchup et de la mayonnaise, s'il vous plaît.
small / medium / large	petit/moyen/grand
sweet	sucré
savory	salé
delivery service	le service de livraison
to order	commander
to deliver	livrer

nuggets
le nugget

MEALS AND DISHES – **PLATS ET REPAS**

Main dishes – Repas principal

soup
la soupe

croquette
la boulette de
viande hachée

steak
le steak

side salad
la salade
d'accompagnement

potato wedges
les quartiers de
pommes de terre

lasagne
les lasagnes

spaghetti bolognese
les spaghettis bolognaise

roast chicken
le poulet rôti

breaded cutlet
l'escalope panée

fried potatoes
les pommes de terre
sautées

stew
le pot-au-feu

casserole
le gratin

pie
la tourte

quiche
la quiche

curry
le curry

MEALS AND DISHES – PLATS ET REPAS

In a restaurant – Au restaurant

① *diner*
la dîneuse

② *waiter*
le serveur

③ *table for two*
la table pour deux
(personnes)

appetizer
le hors-d'œuvre

dessert
le dessert

④ *red wine glass*
le verre à vin rouge

⑤ *menu*
la carte

side dish
le plat d'accompagnement

soup
la soupe

⑥ *order*
la commande

main course
le plat principal

aperitif
l'apéritif

sorbet
le sorbet

salad
la salade

cheese platter
le plateau de fromages

coffee
le café

liqueur
la liqueur

cheese knife
le couteau à fromage

chopsticks
les baguettes

MEALS AND DISHES – PLATS ET REPAS

Dishes and flatware – Vaisselle et couverts

napkin la serviette	*water glass* le verre à eau
bread plate l'assiette à pain	*wine glass* le verre à vin
dinner fork la fourchette	*dessert spoon* la cuillère à dessert
tablecloth la nappe	*soup spoon* la cuillère à soupe
dinner plate l'assiette plate	*dinner knife* le couteau de table

bowl le bol	*carafe* la carafe	*steak knife* le couteau à steak	*toothpick* le cure-dent

Could we have the wine list, please?	Pouvez-vous nous apporter la carte des vins, s'il vous plaît?
Enjoy your meal!	Bon appétit!
Cheers!	À votre santé!
I'll have ... as an appetizer / for the main course / for dessert	Comme entrée/plat principal/dessert, je prends ...
special	la spécialité
The bill, please.	L'addition, s'il vous plaît.
payment	le paiement
tip	le pourboire

FOOD AND DIET –
L'ALIMENTATION

oil
l'huile

sugar
le sucre

carbohydrates
le glucide

protein
la protéine

egg-free
sans œufs

sugar-free
sans sucre

gluten-free
sans gluten

lactose-free
sans lactose

dietary fiber
les fibres (alimentaires)

cholesterol
le cholestérol

vegetarian
végétarien

vegan
végan

food allergy	l'intolérance alimentaire
fructose	le fructose
glucose	le glucose
sodium	le sodium
calories	les calories
flavor enhancer	l'exhausteur de goût
healthy eating	l'alimentation saine
to fast	jeûner

scale
le pèse-personne

ON THE GO

EN ROUTE

ROADS AND TRAFFIC –
RUES, ROUTES ET CIRCULATION

① *street light*
le réverbère

② *one-way street*
la rue à sens unique

③ *crosswalk warning light*
les feux pour piétons

④ *sidewalk*
le trottoir

⑤ *curb*
la bordure de trottoir

⑥ *traffic lights*
les feux (de circulation)

⑦ *parked car*
la voiture en
stationnement

⑧ *traffic lane*
la voie (de circulation)

⑨ *road marking*
le marquage routier

⑩ *gutter*
le caniveau

tunnel
le tunnel

ticket machine
l'horodateur

bicycle path
la piste cyclable

*handicapped parking
space*
la parking réservé aux
handicapés

bridge
le pont

traffic circle
le rond-point

crosswalk
le passage pour
piétons

emergency telephone
la borne d'appel
d'urgence

ROADS AND TRAFFIC –
RUES, ROUTES ET CIRCULATION

highway interchange
l'échangeur autoroutier

highway
l'autoroute

rush-hour traffic
la circulation aux heures
de pointe

① *median strip*
le terre-plein central

② *passing lane*
la voie de dépassement

③ *overpass*
le passage supérieur

④ *curve*
le virage

⑤ *underpass*
le passage inférieur

⑥ *on-ramp*
l'entrée

⑦ *exit*
la sortie

traffic police officer
l'agent de la circulation

traffic ticket
la contravention

tollbooth
le péage

to tow away
remorquer

intersection	le croisement
right of way	la priorité
speeding	l'excès de vitesse
to stop	s'arrêter
hard shoulder	la bande d'arrêt d'urgence
service area	l'aire de service
mile marker	le borne kilométrique
to reverse	faire marche arrière

traffic jam
l'embouteillage

ROADS AND TRAFFIC – RUES, ROUTES ET CIRCULATION

Road signs – Panneaux de la circulation

no entry
entrée interdite

no stopping
l'interdiction de s'arrêter

road construction
les travaux

tunnel
le tunnel

no parking
l'interdiction de
stationner

traffic jam
l'embouteillage

steep gradient
la pente

traffic circle
le rond-point

speed limit
la limitation de vitesse

yield
cédez le passage

one-way street
la rue à sens unique

oncoming traffic
le trafic en sens inverse

no right turn
interdiction de
tourner à droite

no left turn
interdiction de
tourner à gauche

no U turn
interdiction de faire
demi-tour

black ice
le verglas

THE CAR – LA VOITURE

Types of car – Types d'automobiles

stretch limo
la limousine extra longue

convertible
le cabriolet

hatchback
la voiture à hayon

sports car
la voiture (de) sport

microcar
la toute petite voiture

small car
la petite voiture

vintage car
la voiture ancienne

sedan
la berline

station wagon
le break

pickup truck
le pick-up

minivan
la fourgonnette

air conditioning	la climatisation
heated seats	les sièges chauffants
automatic transmission	la boîte de vitesses automatique
manual transmission	la boîte de vitesses manuelle
ignition	l'allumage
two-door	à deux portes
three-door	à trois portes
four-door	à quatre portes

sport utility vehicle
le véhicule tout terrain

THE CAR – LA VOITURE

The car exterior – L'extérieur de la voiture

passenger side le côté (du) passager	*roof* le toit	*windshield* le pare-brise	*driver's side* le côté (du) chauffeur
side light le feu de position	*rear-view mirror* le rétroviseur		*indicator* le (feu) clignotant

wheel la roue	*windshield wiper* l'essuie-glace	*grill* la calandre	*bumper* le pare-chocs
	license plate la plaque d'immatriculation	*emblem* l'emblème de la marque	*fog light* le feu de brouillard

tread
le profil des pneus

dipstick	la jauge
air filter	le filtre à air
brake fluid reservoir	le réservoir du liquide de frein
antenna	l'antenne
wheel suspension	la suspension
low beam	le feu de croisement
high beam	le feu de route

THE CAR – **LA VOITURE**
The car exterior – L'extérieur de la voiture

① *side mirror*
le rétroviseur extérieur

② *B-pillar*
le montant B

③ *trunk*
le coffre

④ *rear window*
la lunette arrière

⑤ *hood*
le capot

⑥ *side window*
la vitre latérale

⑦ *car door*
la portière

⑧ *hub cap*
l'enjoliveur

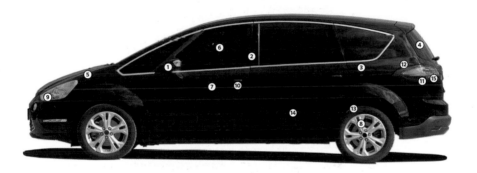

⑨ *headlight*
le phare

⑩ *door handle*
la poignée de la portière

⑪ *brake light*
le feu de stop

⑫ *tail light*
le feu arrière

⑬ *tire*
le pneu

⑭ *door molding*
la baguette de flanc

⑮ *reverse light*
le phare de recul

engine	le moteur
gas tank	le réservoir d'essence
transmission	la boîte de vitesses
radiator	le radiateur
fan	le ventilateur
battery	la batterie d'accumulateurs
muffler	le pot d'échappement
exhaust pipe	le tuyau d'échappement

wheel rim
la jante

THE CAR – **LA VOITURE**

The car interior – L'intérieur de la voiture

① *side mirror*
le rétroviseur extérieur

② *steering wheel*
le volant

③ *dashboard*
le tableau de bord

④ *door opener*
le système d'ouverture
de portière

⑤ *driver's seat*
le siège du chauffeur

⑥ *center console*
la console centrale

⑦ *emergency brake*
le frein à main

⑧ *temperature controls*
la commande du
chauffage

⑨ *glove compartment*
la boîte à gants

⑩ *gear shift*
le levier de vitesses

⑪ *passenger seat*
le siège du passager

hazard warning
light switch
la commande des
feux de détresse

stereo
la chaîne stéréo

directional
la manette des (feux)
clignotants

cigarette lighter
l'allume-cigares

navigation system
le système de navigation

foot rest	le repose-pied
clutch pedal	la pédale d'embrayage
brake pedal	la pédale de frein
accelerator pedal	l'accélérateur
seat belt	la ceinture de sécurité
headrest	l'appuie-tête
airbag	le coussin gonflable
horn	l'avertisseur

THE CAR – LA VOITURE

At the gas station – La station-service

price display
l'affichage du prix

gallon display
l'affichage du volume

fire extinguisher
l'extincteur

gas pump
la pompe à essence

tire pressure gauge
le manomètre

no smoking
l'interdiction de fumer

gasoline
l'essence

diesel
le gazole

unleaded
sans plomb

leaded
contenant du plomb

gas pump hose
le tuyau de distribution

pump nozzle
le pistolet de
distribution

gas cap
le bouchon du réservoir

jack
le cric

to *change the oil*	faire la vidange
tire pressure	la pression (des pneus)
fan belt	la courroie de ventilateur
alternator	l'alternateur
summer tire	le pneu d'été
winter tire	le pneu d'hiver
all-season tire	le pneu toutes saisons
snow chains	les chaînes

to *refuel*
prendre du carburant

THE CAR – **LA VOITURE**

At the gas station – La station-service

① *gas gauge*
l'indicateur de niveau de carburant

② *low fuel warning light*
le témoin de bas niveau de carburant

③ *speedometer*
le compteur de vitesse

④ *speed*
la vitesse

⑤ *odometer*
le compteur kilométrique

⑥ *tachometer*
le compte-tours

⑦ *temperature gauge*
l'indicateur de température du
liquide de refroidissement

to change a tire
changer le pneu

tire iron
la clé démonte-roue

spare tire
le pneu de secours

flat tire
la crevaison

car accident	l'accident de la circulation
I've broken down.	Je suis en panne.
Could you call the towing service, please?	Pourriez-vous appeler le service de dépannage, s'il vous plaît?
The car won't start.	Le moteur ne démarre pas.
jumper cables	le câble de démarrage
Could you help me jump-start the car, please?	Pourriez-vous m'aider à démarrer, s'il vous plaît?
spare tire	le pneu de rechange/le pneu de secours
Could you help me change the tire, please?	Pourriez-vous m'aider à changer le pneu, s'il vous plaît?

THE BUS –
LE BUS

double decker
l'autobus à impériale

bus
l'autocar

route number
le numéro de la ligne

destination
la destination

bus stop
l'arrêt de bus

automatic door
la portière automatique

luggage hold
la soute à bagages

schedule
l'horaire

bus stop shelter
l'abribus

school bus
l'autobus scolaire

stop button
le bouton de demande
d'arrêt

low-floor bus	le bus surbaissé
bus station	la gare routière
regular bus service	le bus de ligne
minibus	le minibus
monthly ticket	la carte (d'abonnement) mensuelle
fare	le prix du trajet
ticket	le billet
ticket machine	le distributeur de tickets

support handle
la poignée

THE MOTORCYCLE –
LA MOTOCYCLETTE

racing bike
la moto de course

dashboard
le tableau
de bord

clutch lever
le levier d'embrayage

handgrip
la poignée

driver's seat
la selle du pilote

mirror
le rétroviseur

passenger seat
la selle passager

mud guard
le garde-boue

kickstand
la béquille (centrale)

footrest
le repose-pied

tail light
le feu arrière

transmission
la boîte de vitesses

pedal
la pédale de vitesse

suspension
la suspension

scooter
le scooter

all-terrain vehicle
le quad

dirt bike
la motocyclette
tout-terrain

chopper
le chopper

THE MOTORCYCLE –
LA MOTOCYCLETTE

motorcycle helmet
le casque de moto

leather jacket
la veste en cuir

leathers
la combinaison
de motard

leather glove
le gant en cuir

visor
la visière

air duct
l'entrée d'air

reflector strip
la bande réfléchissante

speedometer
le compteur de vitesse

handgrip
le guidon

tank cap
le bouchon du réservoir

gas tank
le réservoir
d'essence

indicator
le clignotant

front brake lever
le levier de frein avant

twist-grip throttle
la poignée (tournante)
des gaz

motorcycle combination
le side-car

touring motorcycle
le moto de tourisme

sidecar
le side-car

THE BICYCLE –
LA BICYCLETTE

brake
le frein

seat
la selle

seat post
la tige de selle

handlebars
le guidon

bike basket
le panier pour vélo

carrier
le porte-bagages

fork
la fourche

back wheel
la roue arrière

tire
le pneu

rim
la jante

front wheel
la roue avant

reflector
le réflecteur

spoke
le rayon

chain guard
le carter
(de chaîne)

chain
la chaîne

pedal
la pédale

gear
la roue dentée

mud guard
le garde-boue

gear lever	le levier de vitesses
brake lever	la levier de frein
pump	la pompe à bicyclette
bike helmet	le casque de cycliste
generator	la dynamo
to *pedal*	appuyer sur les pédales
to *brake*	freiner
to *change to a higher/lower gear*	passer en vitesse supérieure/inférieure
to *learn to ride a bike*	apprendre à faire du vélo
to *patch an inner tube*	réparer une chambre à air

THE BICYCLE –
LA BICYCLETTE

child seat
le siège pour enfant

unicycle
le monocycle

tandem bike
le tandem

BMX bike
le vélo de moto-cross

racing bike
le vélo de course

touring bike
le vélo de cyclotourisme

mountain bike
le vélo tout terrain

electric bike
le vélo à assistance
électrique

recumbent bicycle
le vélo couché

tricycle
le tricycle

bike lock
le cadenas pour vélo

repair kit
le nécessaire pour
réparer les pneus

rental bicycle
le vélo de location

child bike trailer
la remorque pour enfants

saddle bag
la sacoche

bicycle stand
le râtelier à bicyclettes

THE TRUCK – LE CAMION POIDS LOURD

tractor trailer
le semi-remorque

hood
le capot

grill
la calandre

headlight
le phare

bumper
le pare-chocs

windshield
le pare-brise

step
le marchepied

gas tank
le réservoir à carburant

exhaust stack
le tuyau d'échappement

sleeper berth
la cabine avec couchette

air horn
l'avertisseur pneumatique

storage compartment
l'espace de rangement

car carrier
le (camion) porte-voitures

snowplow
le chasse-neige

street sweeper
la balayeuse

garbage truck
la benne à ordures

tanker
le camion-citerne

tractor trailer
le (camion) semi-remorque

trailer
la semi-remorque couverte

flatbed trailer
le (camion) semi-remorque à plateau

MORE VEHICLES –
AUTRES VÉHICULES

excavator
la pelleteuse

bulldozer
le bulldozer

cement truck
le camion-bétonnière

dump truck
le camion à benne
basculante

camper
la caravane

recreational vehicle
le camping-car

fork-lift
le chariot élévateur

fire engine
le camion des pompiers

trailer
la remorque

tractor
le tracteur

police car
la voiture de police

taxi
le taxi

tow truck
la dépanneuse

crane
le camion-grue

taxi stand
la station de taxis

to hail a taxi
faire signe à un taxi

THE TRAIN –
LE TRAIN

train le train	*driver's cab* la cabine de conduite	*compartment* le (petit) compartiment	*overhead rack* le porte-bagages

rail le rail	*car* le wagon	*armrest* l'accoudoir	*seat* le siège	*headrest* l'appuie-tête

freight train le train de marchandises	*trolley* le tram(way)	*subway* le métro	*monorail* le monorail

steam engine
la locomotive à vapeur

high-speed train	le train à grande vitesse
open car	la voiture à couloir central
overhead wires	la caténaire
first class	la première classe
second class	la seconde classe
folding table	la table rabattable
railcar	l'autorail
seat reservation	la réservation (de place assise)

THE TRAIN – **LE TRAIN**

At the train station – À la gare

platform
le quai

to get on
monter

to get off
descendre

railing
le garde-fou

platform number
le numéro de la voie

sign
le panneau indicateur

passenger
le voyageur

escalator
l'escalier roulant

station concourse
le hall de gare

ticket counter
le guichet (de vente) des billets

ticket machine
le distributeur (automatique) de tickets

conductor
la contrôleuse

delay	le retard
on time	à l'heure
to change	changer
to dodge the fare	voyager sans billet
rail network	le réseau ferroviaire
A one-way ticket to ..., please.	Un aller simple pour ..., s'il vous plaît.
Two round trips to ..., please.	Deux aller-retours pour ..., s'il vous plaît.
Is this seat taken?	Est-ce que cette place est libre?

luggage cart
le chariot à bagages

THE AIRPLANE –
L'AVION

commercial aircraft
l'avion de ligne

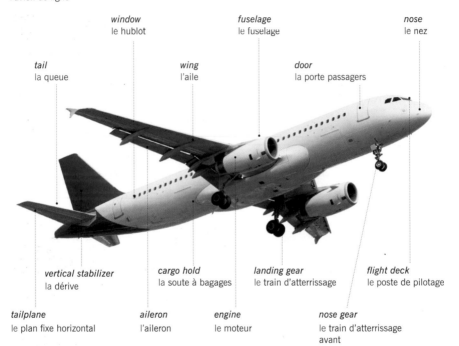

window
le hublot

fuselage
le fuselage

nose
le nez

tail
la queue

wing
l'aile

door
la porte passagers

vertical stabilizer
la dérive

cargo hold
la soute à bagages

landing gear
le train d'atterrissage

flight deck
le poste de pilotage

tailplane
le plan fixe horizontal

aileron
l'aileron

engine
le moteur

nose gear
le train d'atterrissage
avant

windsock
la manche à air

Your flight is ready for boarding.	Les passagers peuvent monter dans l'appareil.
airline	la compagnie aérienne
air traffic control	le contrôle de la circulation aérienne
pilot	le pilote
copilot	le copilote
first class	la première classe
business class	la classe affaires
economy class	la classe économique

THE AIRPLANE – **L'AVION**

Inside the plane – Dans l'avion

safety instructions
les consignes de sécurité

air vent
la bouche d'air

flight attendant
l'hôtesse de l'air

seat
le siège

overhead compartment
le compartiment à
bagages

seat number
le numéro de siège

non-smoking flight
le vol non-fumeurs

reading light
la lampe de lecture

carry-on luggage
le bagage à main

aisle
le couloir

emergency exit
la sortie de secours

seat spacing
l'espace entre les sièges

row	la rangée de sièges
seat belt	la ceinture de sécurité
to *fasten one's seat belt*	boucler sa ceinture de sécurité
runway	la piste de décollage et d'atterrissage
to *fly*	voler
to *take off*	décoller
to *land*	atterrir
turbulence	les turbulences
emergency landing	l'atterrissage forcé
oxygen mask	le masque à oxygène

*in-flight entertainment
system*
l'écran vidéo interactif

THE AIRPLANE – L'AVION

At the airport – À l'aéroport

self-service check-in
la borne
d'enregistrement
(libre-service)

check-in counter
le guichet
d'enregistrement

boarding pass   *passport*
la carte d'embarquement   le passeport

arrival
l'arrivée

departure
le départ

terminal
le terminal

customs
la douane

security check
le contrôle de sécurité

ticket check
le contrôle des billets

duty-free shop
la boutique hors taxes

airstairs
l'escalier mobile

gate
la porte
d'embarquement

air bridge
la passerelle
d'embarquement

control tower
la tour de contrôle

air traffic controller
le contrôleur aérien

THE AIRPLANE – L'AVION

At the airport – À l'aéroport

① *information screen*
le tableau d'affichage

② *destination*
la destination

long-distance flight
le vol long-courrier

international flight
le vol international

domestic flight
le vol intérieur

✈ ❶	**DEPARTURES**	
Time	Destination ❷	Flight
19:30	BEIJING	R4 4509
19:30	ATLANTA	EB 7134
19:45	LONDON	DN 0045
19:40	NEW YORK	OD 7158
19:50	FRANKFURT	NP 6890
20:05	DUBAI	UC 1207
20:10	CHICAGO	EB 3436
20:20	TOKYO	R4 4581
20:45	PARIS	NP 1976

rolling suitcase
la valise à roulettes

excess luggage
l'excédent de bagages

baggage carousel
le tapis roulant
(à bagages)

moving walkway
le trottoir roulant

layover	l'escale
to book a flight	réserver un vol
online check-in	l'enregistrement en ligne
reservation	la réservation
visa	le visa
luggage check	le contrôle des bagages
luggage tag	l'étiquette de bagage
currency exchange	le bureau de change

backpack
le sac à dos

THE SHIP –
LE BATEAU

cruise ship
le paquebot

radar antenna
l'antenne radar

deck
le pont

cabin
la cabine

funnel
la cheminée

radio antenna
l'antenne radio

port side
le (côté) bâbord

hull
la coque

porthole
le hublot

starboard side
le (côté) tribord

bow
la proue

lifeboat
la chaloupe de
sauvetage

bulbous bow
la bulbe d'étrave

sailboat
le bateau à voile

motor yacht
le yacht à moteur

motor boat
le canot à moteur

catamaran
le catamaran

THE SHIP – **LE BATEAU**

maritime container terminal
le terminal à conteneurs

At the port – Le port

container depot le dépôt de conteneurs	*cargo* la cargaison	*dock* le quai	*crane* la grue	*container ship* le cargo porte- conteneurs

lighthouse
le phare

mooring
l'amarrage

bitt
la bitte d'amarrage

buoy
la bouée

to drop/weigh anchor	jeter/lever l'ancre
Coast Guard	le service de surveillance côtière
to land	accoster
to sail	appareiller
to embark	embarquer
to disembark	débarquer
pier	la jetée
submarine	le sous-marin

ferry
le ferry-boat

IN THE CITY

EN VILLE

THE CITY CENTER –
LE CENTRE-VILLE

suburb	*bridge*	*river*	*street*	*business district*	*television tower*
la banlieue	le pont	la rivière	la rue	le quartier des affaires	la tour de télévision

apartment buildings	*cathedral*	*sidewalk*	*old town*	*tower*	*street light*
l'immeuble d'habitation	la cathédrale	le trottoir	la vieille ville	la tour	l'éclairage public

side street
la rue transversale

boulevard
le boulevard

steps
l'escalier

alley
la ruelle

THE CITY CENTER –
LE CENTRE-VILLE

park
le parc

canal
le canal

entertainment district
le quartier des
spectacles

square
la place

shopping district
le quartier commerçant

industrial area
la zone industrielle

residential area
la zone résidentielle

town hall
l'hôtel de ville

university
l'université

school
l'école

post office
le bureau de poste

fire station
la caserne de pompiers

police station
le commissariat de police

hospital
l'hôpital

library
la bibliothèque

court house
le palais de justice

THE CITY CENTER – LE CENTRE-VILLE

Buildings in the center of the city – Bâtiments dans le centre-ville

skyscraper
le gratte-ciel

castle
le château fort

palace
le château

church
l'église

mosque
la mosquée

synagogue
la synagogue

temple
le temple

ruin
la ruine

office building
l'immeuble à bureaux

theater
le théâtre

cinema
le cinéma

factory
l'usine

embassy
l'ambassade

opera house
l'opéra

museum
le musée

art gallery
le musée d'art

THE CITY CENTER – LE CENTRE-VILLE

On the streets – Dans la rue

street light
le réverbère

pedestrian crossing light
les feux pour piétons

traffic lights
les feux de circulation

monument
le monument
(commémoratif)

garbage can
la poubelle

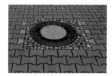

manhole cover
la plaque d'égout

fire hydrant
la bouche d'incendie

cemetery
le cimetière

bus stop
l'arrêt de bus

kiosk
le kiosque

*underground parking
garage*
le garage souterrain

pedestrian zone
la zone piétonne

Can you tell me the way to ..., please?	Excusez-moi, comment va-t on à ..., s'il vous plaît?
Can you tell me where to find ..., please?	Pourriez-vous me dire où est ..., s'il vous plaît?
Can you show me on the map, please?	Pourriez-vous me montrer où c'est sur la carte, s'il vous plaît?
at the corner	au coin (de la rue)
turn right/left	tourner à droite/à gauche
on the right/left	du côté droit/gauche
(diagonally) across	en face (en diagonale)
close (to)	à proximité (de)

THE CITY CENTER – LE CENTRE-VILLE

The hotel – L'hôtel

reception
la réception

lobby
le hall

bar
le bar

receptionist
la réceptionniste

key card
la carte-clé

restaurant
le restaurant

resort
le complexe hôtelier

bell
la sonnette

king room
la chambre pour deux
personnes

double room
la chambre à deux lits

single room
la chambre pour une
personne

gym
la salle d'exercice

pool
la piscine

I have booked a room for	J'ai réservé une chambre au nom de ....
How much is the room, please?	Combien coûte la chambre, s'il vous plaît?
I'd like a king room for one night, please.	Je voudrais une chambre pour deux personnes pour une nuit, s'il vous plaît.
Are there any vacancies?	Avez-vous une chambre libre?

THE CITY CENTER – LE CENTRE-VILLE

The hotel – L'hôtel

concierge
le/la concierge

luggage cart
le chariot à bagages

"Please don't disturb" door hanger
l'accroche-porte « Prière de ne pas déranger »

luggage rack
le porte-bagages

room service
le service des chambres

maid
la femme de chambre

suite
la suite

hotel amenities
les articles de toilette

minibar
le minibar

room number
le numéro de la chambre

breakfast buffet
le buffet du petit-déjeuner

three/four star hotel	l'hôtel trois/quatre étoiles
family room	la chambre familiale
to check in/out	se faire enregistrer/régler les formalités de départ
half board	la demi-pension
full board	la pension
bed and breakfast	la chambre avec petit-déjeuner
extra bed	le lit supplémentaire
wake-up call	le réveil par téléphone

safe
le coffre-fort

THE CITY CENTER – LE CENTRE-VILLE

The bank – La banque

payment terminal
le lecteur de carte à puce

counter
le guichet

cashier
la caissière

ATM card
la carte bancaire

keyboard
le clavier (à touches)

online banking
le paiement en ligne

ATM machine
guichet automatique
(bancaire)

to withdraw money
retirer de l'argent

to deposit money
déposer de l'argent

to write a check
faire un chèque

overdraft	le découvert
checking account	le compte courant
savings account	le compte d'épargne
PIN number	le code confidentiel
interest rate	le taux d'intérêt
loan	le prêt
mortgage	l'hypothèque
account number	le numéro de compte

THE CITY CENTER – **LE CENTRE-VILLE**

The bank – La banque

money
le billet (de banque)

coins
la pièce (de monnaie)

currency
la devise

bond
la valeur (mobilière)

exchange rate
le cours du change

safety deposit box
le compartiment de coffre-fort

safe
le coffre-fort

credit card
la carte de crédit

stock market
la bourse

market price
le cours de la bourse

financial advisor
le conseiller financier

invoice
la facture

Could I change this, please?	Pourriez-vous changer cela, s'il vous plaît?
What's the current exchange rate?	Quel est le taux de change actuel?
I'd like to open an account, please.	Je voudrais ouvrir un compte, s'il vous plaît.
amount	le montant
traveler's check	le chèque de voyage
equity	le capital propre
commission	la commission
exchange booth	le bureau de change

transfer order
la formule de virement

SHOPPING – **FAIRE LES COURSES**

At the stores – Commerces et magasins

market
le marché

market stall
l'étal

store window
la vitrine

pet store
l'animalerie

produce
le marchand de fruits et
légumes

butcher's
la boucherie-charcuterie

bakery
la boulangerie

sweet shop
la confiserie

supermarket
le supermarché

fish market
la poissonnerie

liquor store
le commerce de vins

florist
le fleuriste

grocery store
l'épicerie

organic grocery store
le magasin bio

stationery store
la papeterie

corner store
la petite épicerie
(du coin)

SHOPPING – FAIRE LES COURSES
At the stores – Commerces et magasins

bookstore
la librairie

drug store
la droguerie

boutique
la boutique

antique shop
le magasin d'antiquités

toy store
le magasin de jouets

jewelry store
la bijouterie

furniture store
le magasin
d'ameublement

appliance store
le magasin
d'électroménager

shoe store
le magasin de
chaussures

hair salon
le salon de coiffure

tailor's
l'atelier de couture

perfumery
la parfumerie

warehouse
le magasin de bricolage

gift shop
le magasin de cadeaux

pharmacy
la pharmacie

optometrist
l'opticien

SHOPPING – **FAIRE LES COURSES**

The shopping mall – Le centre commercial

inner court
la cour intérieure

second floor
le deuxième étage

first floor
le premier étage

store
le magasin

escalator
l'escalier roulant

ground floor
le rez-de-chaussée

salesperson
la vendeuse

food court
l'aire de restauration

fitting room
la cabine d'essayage

parking lot
le parking

babies' changing room
l'espace bébé

customer service	le service clientèle
map	le plan
security	le service de sécurité
Could I look at ..., please?	Pourriez-vous me montrer ...?
How much is it?	Cela coûte combien?
Can I exchange this, please?	Je pourrais échanger cela, s'il vous plaît?
Could you wrap it as a present, please?	Pouvez-vous empaqueter cela comme cadeau, s'il vous plaît?
sale	les soldes

SHOPPING – **FAIRE LES COURSES**

The department store – Le grand magasin

mannequin
le mannequin

shopping bag
sac (en papier/plastique)

luggage department
le rayon maroquinerie

cafeteria
la cafétéria

sporting goods
le rayon sport

clothing department
la mercerie

lingerie
la lingerie

cosmetics department
le rayon cosmétiques

menswear
le rayon hommes

ladies' fashion
le rayon femmes

children's department
le rayon enfants

shoe department
le rayon chaussures

grocery department
le rayon alimentation

electronics department
le rayon multimédias

linens department
le rayon linge de maison

stationery department
le rayon papeterie

SHOPPING – FAIRE LES COURSES

The supermarket – Le supermarché

cashier
le caissier

customer
la cliente

goods
la marchandise

conveyer belt
le tapis de caisse

shelf
le rayon de
marchandises

shopping cart
le chariot

cash register
la caisse

scanner
le lecteur de code-barres

delicatessen
l'épicerie fine

butcher
le rayon boucherie

shopping list
la liste des achats

aisle
l'allée

shopping basket
le panier d'achat

bar code
le code-barres

sale
l'offre spéciale

self-service checkout
la caisse libre-service

SHOPPING – FAIRE LES COURSES
The supermarket – Le supermarché

refrigerated foods
le rayon réfrigéré

dairy section
les produits laitiers

frozen foods
les produits surgelés

fruits and vegetables
les fruits et légumes

meat and poultry
les viandes et volailles

canned goods
les conserves

delicacies
l'épicerie fine

receipt
le reçu

baby products
les articles pour bébé

breakfast cereal
les céréales (pour le
petit-déjeuner)

baked goods
les pâtisseries

seafood section
le rayon poissonnerie

drinks	les boissons
candy aisle	la confiserie
pet food	l'alimentation animale
organic products	les produits bio(logiques)
to pay	payer
loose change	la (petite) monnaie
price	le prix
price tag	l'étiquette

detergents
les produits d'entretien

SHOPPING – FAIRE LES COURSES
The newsstand – Le kiosque

newspaper
le journal

magazine
le magazine

notebook
le carnet

comic
la bande dessinée

magazine rack
le présentoir à
magazines

greeting card
la carte de vœux

lottery ticket
le billet de loterie

book
le livre

chewing gum
le chewing-gum

mints
le bonbon à la menthe

chocolate bar
la barre de chocolat

tobacco
le tabac

cigarette
la cigarette

pipe
la pipe

lighter
le briquet

cigar
le cigare

CAFÉS AND BARS –
BARS ET CAFÉS

street café
le café (avec terrasse)

terrace
la terrasse

counter
le comptoir

coffee machine
la percolateur

tray
le plateau

tap
le robinet

bartender
le barman

barista
le barista

bar stool
le tabouret de bar

corkscrew
le tire-bouchon

cocktail shaker
le shaker

ice bucket
le seau à glace

to *put something on the tab*	mettre quelque chose sur l'addition
to *pick up the tab*	se charger de l'addition
to *meet for a coffee*	prendre un café ensemble
Where are the restrooms, please?	S'il vous plaît, où sont les toilettes?
I'd like	Je voudrais ....
A glass of ..., please.	Un verre de ..., s'il vous plaît.
A cup of ..., please.	Une tasse de ..., s'il vous plaît.
May I have another, please.	La même chose, s'il vous plaît.

ashtray
le cendrier

THE SIGHTS –
CURIOSITÉS

map
le plan de la ville

tourist information
l'office de tourisme

tour guide
le guide touristique

souvenir
le souvenir

guided tour
la visite de la ville

sightseeing tour
la visite guidée (en bus)

river cruise
la promenade en bateau

aquarium
l'aquarium

viewing platform
la plate-forme
panoramique

exhibition
l'exposition

street entertainer
le musicien de rue

street performer
l'artiste de rue

line
la queue (d'attente)

guide	le guide touristique
gift shop	la boutique de cadeaux
excursion	l'excursion
opening hours	les heures d'ouverture
open	ouvert
closed	fermé
admission fee	le prix d'entrée
concession stand	le kiosque

ARCHITECTURE –
L'ARCHITECTURE

classical
classique

Gothic
gothique

baroque
baroque

Romanesque
roman

Renaissance
la Renaissance

art deco
l'art déco

art nouveau
l'art nouveau

rococo
le rococo

Bauhaus
le Bauhaus

column
la colonne

arch
l'arche

dome
la coupole

front	la façade
wing	l'aile
vault	la voûte
tomb	le tombeau
inner courtyard	la cour intérieure
town wall	le rempart
catacombs	les catacombes
memorial	le mémorial

landmark
le monument

PARKS AND PLAYGROUNDS –
PARC ET TERRAIN DE JEUX

park
le parc

① *pavilion*
le pavillon

② *sidewalk*
le trottior

③ *lawn for sunbathing*
la pelouse

gardens
les jardins

④ *fountain*
la fontaine

⑤ *park bench*
le banc public

botanical garden
le jardin botanique

estate
le parc du château

landscape garden
le parc à l'anglaise

lake
le lac

national park
le parc national

mountain park
le parc paysager

zoo
le zoo

safari park
le parc amimalier

PARKS AND PLAYGROUNDS – PARC ET TERRAIN DE JEUX

playground
le terrain de jeux

① swing set
le portique

sandbox
le bac à sable

② slide
le toboggan

③ swing
la balançoire

④ seesaw
la balançoire à bascule

monkey bars
le portique pour avancer
à la force des bras

maze
le labyrinthe

amusement park
le parc d'attractions

barbecue area
l'emplacement pour
barbecue

picnic
le pique-nique

to go for a walk
se promener

tightrope
la corde raide

to jog
faire du footing

kiddie pool
la pataugeoire

EDUCATION AND WORK

ÉDUCATION ET PROFESSION

AT SCHOOL –
L'ÉCOLE

kindergarten
le jardin d'enfants

preschool
l'école maternelle

elementary school
l'école primaire

junior high school
l'enseignement
secondaire

high school
le lycée

class
la classe

exam
l'examen

assembly hall
la salle de réunion

computer room
la salle des ordinateurs

principal
le chef d'établissement

teacher
l'enseignante

sports field
le terrain de sport

school uniform
l'uniforme scolaire

essay	la rédaction
class test	le devoir sur table
grade	la note
graduate	passer son examen final
high school diploma	le diplôme de fin d'études secondaires
private school	l'école privée
advanced level exams	le baccalauréat
boarding school	l'internat

AT SCHOOL – L'ÉCOLE

In the classroom – La salle de classe

teacher's desk	*blackboard*	*student (male)*	*student (female)*
le bureau du professeur	le tableau (noir)	l'élève	l'élève

protractor	*pencil*	*notebook*	*pencil case*
le rapporteur	le crayon	le cahier d'écolier	la trousse

triangle	*ruler*
l'équerre	la règle

school bag	le cartable
dictionary	le dictionnaire
tuition	le cours particulier
chalk	la craie
textbook	le manuel scolaire
pen	le stylo
ink	l'encre
marker	le marqueur

pocket calculator
la calculette

AT SCHOOL – L'ÉCOLE

School subjects – Les matières scolaires

biology
la biologie

math
les mathématiques

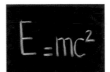

physics
la physique

chemistry
la chimie

religious education
le cours de religion

ethics
le cours d'éthique

art
les arts plastiques

geography
la géographie

languages
les langues étrangères

history
l'histoire

physical education
l'éducation physique

music
la musique

drama
le drame

computer science
l'informatique

woodwork and metalwork
le cours de technologie

social studies
les sciences sociales

AT SCHOOL – L'ÉCOLE

School subjects – Les matières scolaires

technical drawing
le dessin technique

home economics
l'économie domestique

to write
écrire

to do addition
calculer

to **spell**
épeler

to read
lire

to **raise one's hand**
lever la main

class trip
le voyage scolaire

class schedule
l'emploi du temps

prom
le bal de promo

homework
le devoir

sporting event
la compétition sportive

to draw	dessiner
to count	compter
exercise	l'exercice
parent/teacher night	la réunion parents-professeurs
grades	le bulletin scolaire
exchange program	l'échange scolaire
curriculum	le programme scolaire
subject	la matière scolaire

vacation
les vacances

AT SCHOOL – **L'ÉCOLE**

In the laboratory – Au laboratoire

experiment
l'expérience

safety goggles
les lunettes de
protection

lab coat
la blouse

test tube
l'éprouvette

safety glove
le gant de protection

lab equipment
les appareils de laboratoire

tweezers
la pince

scalpel
le scalpel

magnifying glass
la loupe

thermometer
le thermomètre

scale
la balance de laboratoire

timer
le chronomètre

magnet
l'aimant

battery
la pile

AT SCHOOL – L'ÉCOLE

In the laboratory – Au laboratoire

microscope
le microscope

eyepiece
l'oculaire

focusing knob
la molette de mise
au point

body tube
le corps

arm
la potence

(revolving) nosepiece
la tourelle porte-objectifs

stage clip
le valet

lens
l'objectif

stage
la platine

slide
la lame (porte-objet)

base
le pied

lamp
la lampe

pipette
la pipette

wire gauze
la toile métallique

tripod
le trépied

Petri dish
la boîte de Petri

Bunsen burner
le bec Bunsen

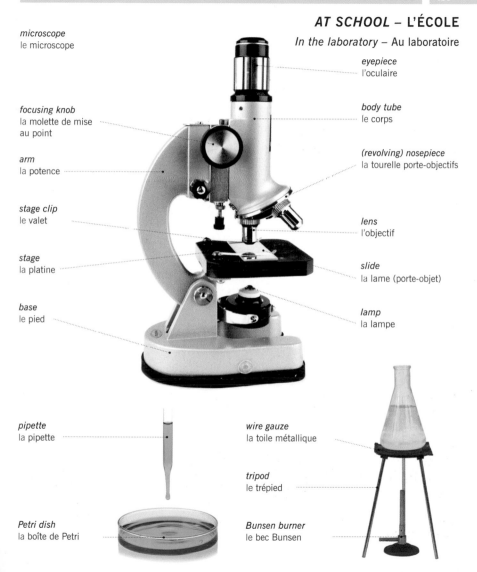

AT SCHOOL – L'ÉCOLE

At lunch time – À la récréation

lunch time
l'heure du déjeuner

tray
le plateau

lunch box
la boîte à tartine(s)

sandwich
le sandwich

school bell
la sonnerie

locker
le casier

break
la récréation

playground
la cour de récréation

play hopscotch
jouer à la marelle

cafeteria
la cafétéria

packed lunch
le panier-repas

serving counter
la distribution de repas

AT SCHOOL – L'ÉCOLE

The gymnasium – Le gymnase

volleyball
le ballon de volley(-ball)

basketball
le ballon de basket(-ball)

handball
le ballon de handball

soccer ball
le ballon de football

baseball
la balle de base-ball

badminton birdie
le volant de badminton

tennis ball
la balle de tennis

football
le ballon de football
américain

hockey puck
le palet

basketball net
le panier de basket(-ball)

rope ladder
l'échelle de corde

trampoline
le trampoline

wall bars
l'espalier

backboard
le panneau

rings
les anneaux

jump rope
la corde à sauter

AT COLLEGE –
L'UNIVERSITÉ

campus
le campus

lecture hall
l'amphithéâtre

political sciences
les sciences politiques

art history
l'histoire de l'art

law
le droit

economics
les sciences
économiques

humanities
les sciences humaines

natural sciences
les sciences naturelles

engineering
l'ingénierie

medicine
la médecine

educational sciences
la pédagogie

professor
le professeur

lecturer
l'enseignante

diploma	le diplôme
bachelor's degree	la licence
master's degree	le master
dissertation	la thèse (de doctorat)
PhD	le doctorat
postdoctoral lecturer qualification	le doctorat d'État
research	la recherche
research institute	l'institut de recherche

AT COLLEGE – L'UNIVERSITÉ

present a paper
faire un exposé

seminar
le séminaire

lecture
le cours magistral

exam
l'examen

reading room
la salle de lecture

check out desk
la salle de prêt

bookshelf
le rayon de bibliothèque

oral exam
l'examen oral

to graduate
terminer ses études

dormitory
la résidence universitaire

dining hall
le restaurant universitaire

library
la bibliothèque

librarian	le bibliothécaire
reference librarian	la bibliothécaire de référence
library card	la carte de lecteur
to borrow	emprunter
to extend	prolonger
to reserve	réserver
return date	la date de retour
periodical	le périodique

student
l'étudiant

AT COLLEGE –
L'UNIVERSITÉ

study group
le groupe d'étude

to study
étudier

apprenticeship
le semestre (de) pratique

internship
le stage

trainee position
le volontariat

gap year
l'année de congé

part-time job
le travail à temps partiel

bulletin board
le panneau d'affichage

vocational training
la formation
professionnelle

vocational school
le collège
d'enseignement
professionnel

art college
l'école des beaux-arts

college of music
le conservatoire
(de musique)

*academy of performing
arts*
l'académie des arts
du spectacle

student ID	la carte d'étudiant
course	le cours
semester	le semestre
sabbatical	le congé sabbatique
faculty	le corps enseignant
assignment	le devoir
university degree	le diplôme universitaire
scholarship	la bourse d'études

THE WORLD OF WORK – LE MONDE DU TRAVAIL

Job applications – La demande d'emploi

job interview
l'entretien d'embauche

human resources director
la DRH (Directrice des Ressources Humaines)

CV
cover letter
le curriculum vitae

application documents
le dossier de candidature

applicant
la candidate

job advertisement
l'offre d'emploi

temp work
le travail temporaire

permanent position
l'embauche en CDI

career
la carrière

apply for a position	faire une demande d'emploi
working conditions	les conditions de travail
shift work	le travail par roulement
part-time work	le temps partiel
full-time work	le temps complet
qualification	la qualification
professional experience	l'expérience professionnelle

to hire somebody
embaucher quelqu'un

THE WORLD OF WORK – LE MONDE DU TRAVAIL

Occupations – Professions

doctor
le médecin

surgeon
le chirurgien

nurse
l'infirmier

physical therapist
le physiothérapeute

orthopedist
l'orthopédiste

dentist
le dentiste

psychologist
la psychologue

pharmacist
la pharmacienne

optometrist
l'opticienne

veterinarian
le vétérinaire

receptionist
l'hôtesse d'accueil

lawyer
l'avocat

judge
la juge

accountant
l'expert-comptable

consultant
la conseillère d'entreprise

computer specialist
l'informaticien

THE WORLD OF WORK – LE MONDE DU TRAVAIL

Occupations – Professions

architect
l'architecte

engineer
l'ingénieur

carpenter
le menuisier

electrician
l'électricien

plumber
le plombier

roofer
le couvreur

painter
le peintre

garbage collector
l'éboueur

car mechanic
la mécanicienne

farmer
l'agriculteur

soldier
la soldate

postal worker
la factrice

construction worker
l'ouvrier du bâtiment

janitor
l'agent de nettoyage

landscape gardener
le jardinier paysagiste

fisherman
le pêcheur

THE WORLD OF WORK – LE MONDE DU TRAVAIL

Occupations – Professions

pilot
le pilote

flight attendant
l'hôtesse de l'air

chef
le cuisinier

waiter
le serveur

baker
le boulanger

butcher
la bouchère

sales assistant
le vendeur

hairdresser
la coiffeuse

beautician
l'esthéticienne

gardener
le jardinier

real estate agent
l'agent immobilier

office administrator
l'agent de gestion

paramedic
le secouriste

bus driver
le chauffeur de bus

taxi driver
le chauffeur de taxi

delivery person
le livreur de colis

THE WORLD OF WORK – **LE MONDE DU TRAVAIL**

Occupations – Professions

journalist
la journaliste

scientist
le scientifique

graphic designer
la graphiste

professional athlete
le sportif professionnel

news reporter
la présentatrice

actor
la comédienne

singer
la chanteuse

dancer
le danseur

artist
l'artiste peintre

photographer
le photographe

musician
la musicienne

dressmaker
la couturière

sculptor
le sculpteur

bank manager
l'employée de banque
(diplômée)

librarian
le bibliothécaire

teacher
le professeur

THE WORLD OF WORK – LE MONDE DU TRAVAIL

Organizational structure – L'organigramme

office administration le secrétariat	*department for business administration* le secteur commercial
	business administration management la direction commerciale
	IT management le responsable du service informatique
	accounting la comptabilité
	controlling le contrôle de gestion

secondary business segment le secteur d'activités secondaire	*primary business segment* le secteur d'activités primaire	*branch office* la filiale
general manager le directeur général	*general manager* la gestion (d'affaires)	*manager* le manager
	team l'équipe	
	team leader la direction d'équipe	
	employee l'employé	

public limited company	la société anonyme (S.A.)
shareholder	l'actionnaire
shareholder limited liability company	la société à responsabilité limitée (S.A.R.L.)
limited commercial partnership consisting of a general partner and a limited partner	la société en commandite SA et Cie
limited partnership	la société en commandite
general commercial partnership	la société en nom collectif
corporation	le groupe

board
le président

associate
l'associé

general manager
la gestion (d'affaires)

deputy
la suppléance de direction

notary public
le fondé de pouvoirs

personnel department
le service du personnel

personnel management
la direction du personnel

legal department
le service juridique

marketing department
le service marketing

marketing management
la direction du marketing

PR department
le service des relations publiques

sales department
la distribution

sales management
la direction des ventes

key account management
la gestion de comptes-clés

sales representative
le service externe

office work
le service interne

customer service
le service après-vente

customer acquisition
le démarchage

production
la production

production management
la direction de la production

in-house counsel
le conseil d'entreprise

THE OFFICE – LE BUREAU

Office furniture – Mobilier de bureau

workspace
le poste de travail

letter tray
la corbeille à courrier

drawer
le tiroir

office furniture
les meubles de bureau

desk
le bureau

desk mat
le sous-main

office chair
la chaise de bureau

safe
le coffre-fort

filing cabinet
le classeur à tiroirs

water cooler
la fontaine à eau

desk lamp
la lampe de bureau

bulletin board
le panneau d'affichage

wastepaper basket
la corbeille à papiers

day planner	l'agenda
file	le dossier
shredder	la déchiqueteuse
mail compartment	le casier (à courrier)
appointment	le rendez-vous
internal mail	le courrier interne
in-box	la corbeille à courrier
kitchen	la cuisinette

THE OFFICE – **LE BUREAU**

Office supplies – Les articles de bureau

scissors
les ciseaux

highlighter
le surligneur

desk organizer
le porte-crayons

notebook
le cahier

post-it note
le post-it®

self-adhesive strip
le marque-page adhésif

pencil
le crayon

pencil sharpener
le taille-crayon

eraser
la gomme

pen
le stylo

paper clip
le trombone

thumbtack
la punaise

tape
le scotch®

stapler
l'agrafeuse

hole punch
le perforatrice

hanging file
le dossier suspendu

envelope
l'enveloppe

correction tape
Tipp-Ex®

binder
le classeur

letter opener
le coupe-papier

THE OFFICE – LE BUREAU

Conference room – La salle de conférence

meeting
la réunion

participant
le chef d'équipe

agenda
l'ordre du jour

take the minutes
rédiger le procès-verbal

flip chart
la table de conférence

conference table
le participant

team leader
la présentation

presentation
projector
le projecteur vidéo

bar chart
le diagramme en bâtons

pie chart
le graphique à secteurs
(circulaire)

slide
la diapositive

to *organize*	organiser
meeting	le rendez-vous
report	le rapport
minutes	le compte rendu
contract	le contrat
business executive	l'homme d'affaires
director	le directeur
business trip	le voyage d'affaires

THE OFFICE – LE BUREAU

Office life – La vie de bureau

employer
l'employeur

① *assistant*
l'assistante

② *colleague*
le collègue

③ *employee*
la salariée

④ *sales representative*
la représentente de commerce

⑤ *manager*
la manageuse

⑥ *boss*
le patron

business card
la carte de visite

to be laid off
être congédié

personnel
le personnel

paternity leave
le congé parental

temporary employee	l'intérimaire
vacation	le congé annuel
salary	le salaire
promotion	l'avancement
to terminate somebody	licencier quelqu'un
to resign from one's job	donner sa démission
to earn	gagner
to retire	prendre sa retraite

maternity leave
le congé de maternité

COMMUNICATION

COMMUNICATION

THE COMPUTER – **L'ORDINATEUR**

The desktop computer – L'ordinateur de bureau

desktop computer
l'ordinateur de bureau

on/off switch
le bouton de démarrage

USB port
le port USB

CD/DVD drive
le lecteur de CD/DVD

case
le boîtier d'ordinateur

scroll wheel
la roulette de défilement

keyboard
le clavier

monitor
l'écran

mouse
la souris

---

keyboard
le clavier

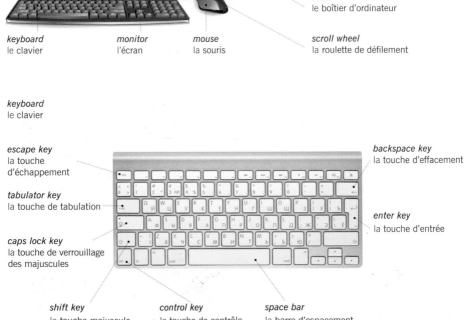

escape key
la touche
d'échappement

tabulator key
la touche de tabulation

caps lock key
la touche de verrouillage
des majuscules

backspace key
la touche d'effacement

enter key
la touche d'entrée

shift key
la touche majuscule

control key
la touche de contrôle

space bar
la barre d'espacement

THE COMPUTER – **L'ORDINATEUR**

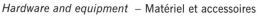

Hardware and equipment – Matériel et accessoires

speaker
le haut-parleur

laptop
l'ordinateur portable

electric cable
le câble électrique

laptop case
la sacoche pour portable

processor
le processeur

external hard drive
le disque dur (externe)

main memory
la mémoire vive

webcam
la webcam

CD-ROM
le CD-ROM

USB flash drive
la clé USB

scanner
le scanner

jnk-jet printer
l'imprimante à jet
d'encre

laser printer
l'imprimante laser

ink cartridge
la cartouche d'encre

toner cartridge
la cartouche de toner

mouse pad
le tapis de souris

THE COMPUTER – L'ORDINATEUR

Working on a computer – Travailler à l'ordinateur

to type
taper

to click
cliquer

to scroll
faire défiler

to cut
découper

to copy
copier

to paste
coller

to print a file
imprimer un fichier

to save
sauvegarder

to open a file
ouvrir un fichier

to delete
supprimer

folder
le dossier

trash can
la corbeille

to search
chercher

to enter	entrer
to move a file	déplacer un fichier
to create a back-up	faire une copie de sauvegarde
to select	sélectionner
to log on	se connecter
to log off	se déconnecter
to reboot	le redémarrage
bytes	(les) octets

THE COMPUTER – **L'ORDINATEUR**

Working on a computer – Travailler à l'ordinateur

to undo
annuler

to restore
récupérer

settings
les paramètres

font
la police (de caractères)

error message
le message d'erreur

cursor
le curseur

hourglass pointer
le sablier

volume control
le réglage du volume

to minimize a window
réduire une fenêtre

to eject a disk
éjecter un disque

*to shut down the
computer*
éteindre (l'ordinateur)

to boot the computer
faire démarrer
l'ordinateur

file	le fichier
program	le programme
scroll bar	la barre de défilement
to install a program	installer un programme
to uninstall a program	désinstaller un programme
operating system	le système d'exploitation
task bar	la barre des tâches
progress bar	la barre de progression

window
la fenêtre

THE COMPUTER – L'ORDINATEUR

The Internet – L'internet

Wi-Fi
le wifi

router
le routeur

LAN cable
le câble du réseau local

browser
le navigateur

bookmark
le signet

download
le téléchargement

message
le message

social media
les médias sociaux

online purchase
l'achat en ligne

encryption
l'encodage

e-mail address
l'adresse électronique

attachment
la pièce jointe

to forward an e-mail
transmettre un e-mail

to *send*	envoyer
to *receive*	recevoir
user account	le compte d'utilisateur
incoming mail	la boîte de réception
outgoing mail	la boîte d'envoi
out-of-office reply	le message d'absence automatique
spam	le spam
to *surf the Internet*	naviguer sur Internet

THE COMPUTER – **L'ORDINATEUR**
Mobile devices – Terminaux mobiles

tablet
la tablette (tactile)

e-book reader
le lecteur de livres
électroniques

MP3 player
le lecteur (de) MP3

Bluetooth® headset
le casque bluetooth®

app
l'appli

SIM card
la carte SIM

mobile case
la pochette pour
portable

mobile phone
le (téléphone) portable

smartphone
le smartphone

flashdrive
la clé USB

to swipe
glisser le doigt

text message
le texto

data storage	le support d'informations
software	le logiciel
dead zone	la zone blanche
flat rate	l'accès Internet illimité
pay-as-you-go card	la carte prépayée
credit	le crédit
ringtone	la sonnerie
battery	la batterie

touchscreen
l'écran tactile

THE TELEPHONE –
LE TÉLÉPHONE

display
l'afficheur

telephone directory
l'annuaire
(du téléphone)

answering machine
le répondeur (automatique)

telephone keypad
le clavier

cordless phone
le téléphone sans fil

receiver   *cable*
le combiné   le câble

receiver
le combiné

headphones
le casque

to answer
décrocher

to hang up
raccrocher

base
la station de base

microphone
le micro

fax machine
le télécopieur

to call somebody	téléphoner à quelqu'un
to dial	composer un numéro
to ring	sonner
I'd like to speak to ..., please.	Je voudrais parler à ..., s'il vous plaît.
Sorry, I've dialed the wrong number.	Excusez-moi, je me suis trompé(e) de numéro.
I'll put you through.	Je vous le/la passe.
Please leave a message after the tone.	Veuillez laisser un message après le bip sonore.
Could you call me back please?	Pourriez-vous me rappeler, s'il vous plaît?

THE MEDIA – LES MÉDIAS

Television – La télévision

remote control
la télécommande

volume
le réglage
du volume

to change to mute mode
couper le son

to rewind
rembobiner

to play
passer

to record
enregistrer

to switch channels
changer de chaîne

to fast-forward
mettre sur avance rapide

stop button
la touche arrêt

pause button
la touche pause

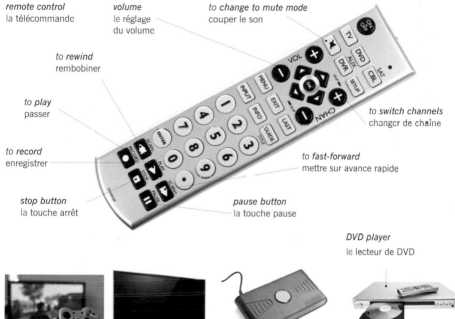

DVD player
le lecteur de DVD

video game
le jeu vidéo

TV
le téléviseur

digital receiver
le récepteur numérique

DVD
le DVD

cable TV	la télévision par câble
free TV	les chaînes gratuites
pay TV	les chaînes payantes
to watch TV	regarder la télé(vision)
TV series	la série télévisée
to channel surf	zapper
episode	l'épisode
surround sound	le son multicanal

satellite dish
l'antenne parabolique

THE MEDIA – LES MÉDIAS

Television – La télévision

set
le poste

teleprompter®
le téléprompteur®

interview
l'interview

interviewee
la personne interviewée

news anchor
la présentatrice

news
les informations

reporter
la reporter

microphone
le micro

scene
la scène

actor
l'acteur

live broadcast
l'émission en direct

audience
le public (du studio)

clapperboard
le clap

documentary	le (film) documentaire
talk show	le débat télévisé
feature	le reportage
game show	le jeu télévisé
presenter	le présentateur
host	la présentatrice
contestant	le participant
sitcom	la sitcom

THE MEDA – LES MÉDIAS

Radio – La radio

DJ
le disc-jockey

recording
la prise de son

radio
la radio

antenna
l'antenne

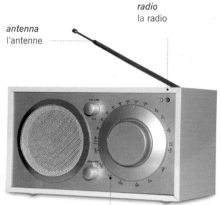

radio station
la station de radio

weather forecast
lc bulletin météo

frequency
la fréquence

traffic news
les informations routières

radio hits countdown
le hit-parade

radio drama
la pièce radiophonique

live recording
l'enregistrement en
direct

program	l'émission
reporter	le correspondant
field reporter	le reporter sur le terrain
jingle	le sonal
commercial	le spot publicitaire
to broadcast	émettre
long wave	les grandes ondes
short wave	les ondes courtes

THE MEDIA – **LES MÉDIAS**

Print – La presse écrite

newspaper
le journal

tabloid format
le format tabloïd

picture
la photo

article
l'article

front page
la une

headline
le gros titre

lead paragraph
le chapeau

column
la colonne

broadsheet
le journal de grand
format

want ads
les offres d'emploi

pamphlet
le prospectus publicitaire

advertisement
l'annonce

subscription
l'abonnement

leader	l'éditorial
obituary	l'annonce nécrologique
quality paper	le journal de qualité
tabloid	le journal à sensation
weekly paper	l'hebdomadaire
daily paper	le quotidien
column	la chronique
supplement	le supplément

THE MEDIA – **LES MÉDIAS**

Print – La presse écrite

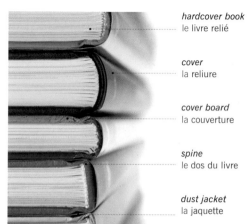

hardcover book
le livre relié

cover
la reliure

cover board
la couverture

spine
le dos du livre

dust jacket
la jaquette

paperback
le livre de poche

page
la page

bookmark
le signet

to flip through a book
feuilleter un livre

non-fiction book
la littérature
non-romanesque

novel
le roman

page number	le numéro de page
index	l'index
to skim a page	survoler une page
children's book	le livre pour enfants
fiction	l'ouvrage de fiction
non-fiction	la littérature non-romanesque
table of contents	la table des matières
chapter	le chapitre

coffee-table book
le livre illustré

THE POST OFFICE –
LA POSTE

envelope
l'enveloppe

stamp
le timbre

addressee
le destinataire

sender
l'expéditeur

address
l'adresse

zip code
le code postal

postmark
le cachet de la poste

PO box
la boîte postale

postcard
la carte postale

to sign a delivery confirmation
signer l'accusé de réception

mailbox
la boîte à lettres

to mail a letter
envoyer une lettre

parcel
le colis

letter	la lettre
express letter	la lettre express
postage paid	port payé
to receive a letter	recevoir une lettre
to reply to a letter	répondre à une lettre
to send somebody a letter	envoyer une lettre à quelqu'un
registered letter	la lettre recommandée
snail mail	le courrier postal

THE POST OFFICE –
LA POSTE

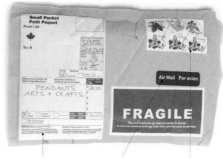

packing tape	*packing peanuts*		*small package*	*via airmail*	*postage*
le ruban adhésif	les arachides d'emballage		le paquet	par avion	le port

fragile	*keep dry*	*this end up*	*delivery*
fragile	craint l'humidité	haut	la distribution

to *deliver*	livrer
collection times	les heures de levée
postage paid	franco de port
weight	le poids
scale	la balance
mailbox	la boîte à lettres
mail order	le vente par correspondance
Do not bend!	Ne pas plier, s'il vous plaît!

courier service
le service de coursiers

SPORTS AND FITNESS

SPORT ET CONDITION PHYSIQUE

BALL SPORTS – SPORTS DE BALLE ET DE BALLON

Soccer – Le football

soccer field
le terrain de football

goal line
la ligne de but

penalty spot
le point de réparation

penalty arc
l'arc de cercle

center circle
le cercle central

halfway line
la ligne médiane

center spot
le centre

touchline
la ligne de touche

penalty box
la surface de réparation

corner arc
la surface de coin

goal area
la surface de but

stadium
le stade

stand
la tribune (du public)

spectators
les spectateurs

expulsion
l'expulsion

red card
le carton rouge

referee
l'arbitre

BALL SPORTS – SPORTS DE BALLE ET DE BALLON

Soccer – Le football

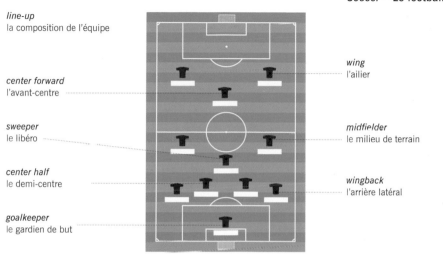

line-up
la composition de l'équipe

center forward
l'avant-centre

sweeper
le libéro

center half
le demi-centre

goalkeeper
le gardien de but

wing
l'ailier

midfielder
le milieu de terrain

wingback
l'arrière latéral

to tackle
tacler

corner
le corner

free kick
le coup franc

throw-in
la (rentrée en) touche

league	la division
first division	la première division
championship	le championnat
cup	la coupe
yellow card	le carton jaune
to suspend a player	suspendre un joueur
foul	la faute
defense	la défense

goal
le but

BALL SPORTS – SPORTS DE BALLE ET DE BALLON

Soccer – Le football

soccer
ballon de foot(ball)

soccer shoe
la chaussure de football

cleat
le crampon

goalkeeper's glove
le maillot

shorts
le short

shin guard
le protège-tibia

sock
la chaussette

to save the ball
garder le ballon

net
le filet

goalkeeper's glove
le gant du gardien de but

to shoot
tirer

goal post
le poteau

crossbar	la barre transversale
half-time	la mi-temps
draw	le match nul
overtime	les prolongations
penalty	le penalty
offside	le hors-jeu
to head	faire une tête
to kick	tirer

BALL SPORTS – SPORTS DE BALLE ET DE BALLON

Handball – Le handball

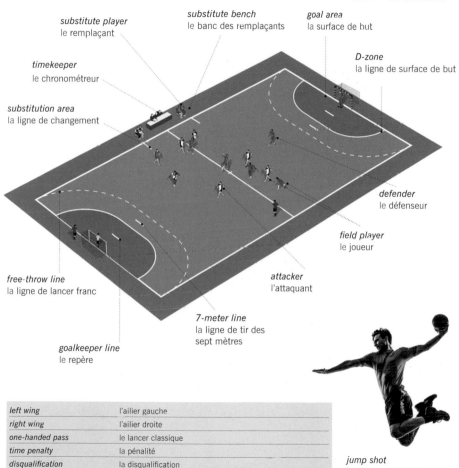

substitute player
le remplaçant

substitute bench
le banc des remplaçants

goal area
la surface de but

D-zone
la ligne de surface de but

timekeeper
le chronométreur

substitution area
la ligne de changement

defender
le défenseur

field player
le joueur

free-throw line
la ligne de lancer franc

attacker
l'attaquant

7-meter line
la ligne de tir des sept mètres

goalkeeper line
le repère

left wing	l'ailier gauche
right wing	l'ailier droite
one-handed pass	le lancer classique
time penalty	la pénalité
disqualification	la disqualification
time out	le temps mort
warning	l'avertissement
7-meter throw	le penalty

jump shot
le tir en suspension

BALL SPORTS – **SPORTS DE BALLE ET DE BALLON**
Volleyball – Le volley-ball

attack zone
la zone d'attaque

left/right attacker
l'attaquant gauche/droit

middle attacker
l'attaquant central

back zone
la zone de défense

white tape
la bande blanche

net
le filet

attack line
la ligne d'attaque

clear space
la zone libre

sweeper
le libéro

baseline
la ligne de fond

back
l'arrière

side line
la ligne de côté

line judge
le juge de ligne

players' bench
le banc des joueurs

beach volleyball
le volley-ball de plage

to spike
smasher

to block
bloquer

serve
le service

to bump
faire une manchette

to set
passer

dig
la manchette de défense

BALL SPORTS – **SPORTS DE BALLE ET DE BALLON**

Basketball – Le basket-ball

sideline
la ligne de touche

three-point-line
la ligne à trois points

restricted area
la zone réservée

baseline
la ligne de fond

to be out
être sorti du terrain

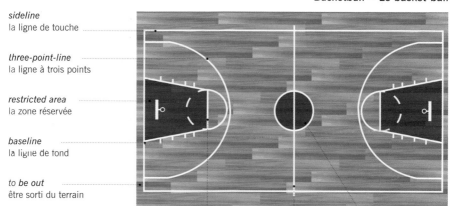

free throw line
la ligne de lancer franc

midcourt line
la ligne médiane

center circle
le cercle central

dunk
le dunk

backboard
le panneau

hoop
l'anneau

net
le filet

basket
le panier

slam dunk	le slam dunk
double dribble	le double dribble
rebound	le rebond
jump shot	le tir en suspension
to catch	attraper
to throw	lancer
to shoot	tirer
to cover	marquer

OTHER BALL SPORTS –
AUTRES SPORTS DE BALLE ET DE BALLON

field hockey
le hockey

ice hockey
le hockey sur glace

hockey stick
la crosse de hockey

puck
le palet

softball
le softball

baseball
le base-ball

baseball bat
la batte de base-ball

baseball glove
le gant de base-ball

football
le football américain

rugby
le rugby

cricket
le cricket

cricket bat
la batte

whistle
le sifflet (à roulette)

team	l'équipe
winner	le vainqueur
loser	le perdant
world champion	le champion du monde
tournament	le tournoi
score	le score
coach *(male)*	l'entraîneur
coach *(female)*	l'entraîneuse
scoreboard	le tableau d'affichage

RACKET SPORTS – SPORTS DE BALLE AVEC CROSSE OU RAQUETTE | *Badminton* – Le badminton

badminton court
le terrain de badminton

left service court
le demi-court de service gauche

right service court
le demi-court de service droit

service line
la ligne arrière de simple

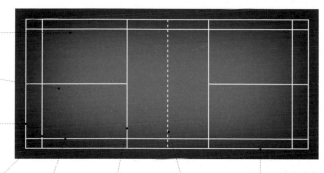

short service line
la ligne de service court

double sideline
la ligne latérale de double

long service line
la ligne arrière de double

single sideline
la ligne latérale de simple

center line
la ligne médiane

squash
le squash

racquetball
le racquetball

badminton racket
la raquette de badminton

frame
le cadre

stringing
le cordage

handle
la poignée

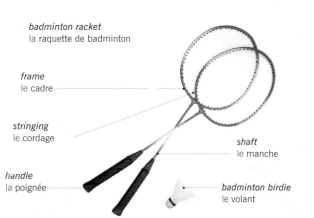

shaft
le manche

badminton birdie
le volant

RACKET SPORTS – SPORTS DE BALLE AVEC CROSSE OU RAQUETTE | *Tennis* – Le tennis

ball boy
le ramasseur (de balles)

baseline
la ligne de fond

backcourt
l'arrière court

service line
la ligne de service

| *singles sideline*
la ligne de simple | *doubles sideline*
la ligne de double | *service line*
la ligne médiane de service | *net*
le filet |

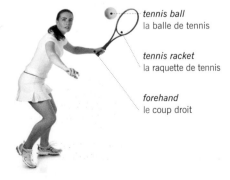

tennis ball
la balle de tennis

tennis racket
la raquette de tennis

forehand
le coup droit

backhand	le revers
singles	le simple
doubles	le double
tiebreaker	le tie-break
deuce	l'égalité
fault	la faute
ace	l'ace
set	le set
umpire	l'arbitre
serve	le service
lineman	le juge de ligne
volley	la vollée

RACKET SPORTS – **SPORTS DE BALLE AVEC CROSSE OU RAQUETTE** | *Table tennis* – Le ping-pong

table tennis table
la table de ping-pong

top of the net
la bordure blanche
(du filet)

net support
le support (du filet)

side line
la ligne latérale

net
le filet

mesh
la maille

end line
la ligne de fond

center line
la ligne centrale

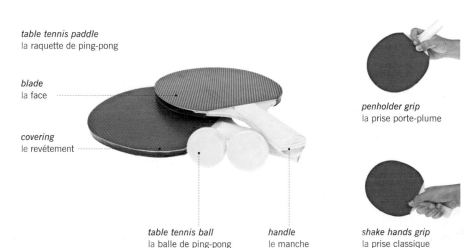

table tennis paddle
la raquette de ping-pong

blade
la face

covering
le revétement

table tennis ball
la balle de ping-pong

handle
le manche

penholder grip
la prise porte-plume

shake hands grip
la prise classique

GOLF –
LE GOLF

golf course
le terrain de golf

water hazard
l'obstacle d'eau

sand trap
le bunker

fairway
l'allée

rough
l'herbe longue

| *tee-off*
le départ | *stance*
la posture | *to putt*
(r)entrer la balle | *flag*
le drapeau |

tee
le tee

golf ball
la balle de golf

hole
le trou

green
le green

GOLF –
LE GOLF

golf clubs
les clubs

wood
le bois

iron
le fer

wedge
le wedge

putter
le fer droit

golf bag
le sac de golf

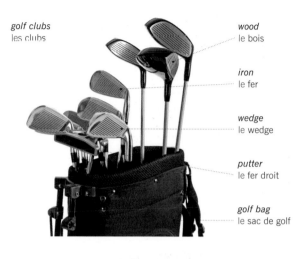

to **drive**
driver

to **drive**
driver

golfer
le golfeur

caddie
le caddie

push cart
le chariot de golf

follow-through
le swing

to **swing**	faire un swing
to **chip**	faire une approche
to **tee off**	faire un coup depuis le départ
par	le par
birdie	le birdie
bogey	le bogey
handicap	le handicap
hole-in-one	le trou en un

golf cart
la voiturette de golf

ATHLETICS –
L'ATHLÉTISME

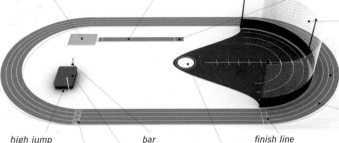

landing pit
la fosse de sable

long jump and triple jump
le triple saut en longueur

runway
la piste d'élan

safety cage
la cage de protection

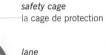

lane
le couloir

track
la piste

high jump
le saut en hauteur

bar
la barre

finish line
la ligne d'arrivée

discus throw and hammer throw
le lancer du disque et du marteau

starting line
la ligne de départ

landing pad
le tapis

throwing circle
le cercle de lancer

sprint
le sprint

starting block
le starting-block

hurdles
la course de haies

hurdle
la haie

pole vault
le saut à la perche

relay race	la course de relais
baton	le témoin
break a record	battre un record
marathon	le marathon
javelin	le lancer du javelot
personal best	le record personnel
stop watch	le chronomètre
starter pistol	le pistolet de starter

GYMNASTICS –
LA GYMNASTIQUE

vault table
la table de saut

handstand
l'appui renversé

a split
le grand écart

high bar
la barre fixe

parallel bars
les barres parallèles

pommel horse
le cheval d'arçons

rings
les anneaux

balance beam
la poutre

floor exercise
la gymnastique au sol

uneven bars
les barres asymétriques

leotard
le justaucorps

gymnasium
le gymnase

gymnast
la gymnaste

chalk
la magnésie

gold	l'or
silver	l'argent
bronze	le bronze
medal	la médaille
competition	la compétition
somersault	le saut périlleux
mount	l'entrée
dismount	la sortie

WATER SPORTS – LES SPORTS AQUATIQUES
Swimming – La nage

competition pool
le bassin de compétition

① *backstroke turn indicator*
le repère de virage de dos

② *lane*
le couloir

③ *finish wall*
le mur d'arrivée

④ *line*
la ligne

⑤ *water*
l'eau

⑥ *starting block*
le plot de départ

⑦ *lane marker*
la corde de couloir

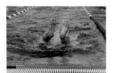

turn
le virage

stroke
le mouvement des bras

backstroke
la nage sur le dos

breast stroke
la brasse

freestyle
nager le crawl

butterfly
la brasse papillon

racing dive
le plongeon de départ

false start
le faux départ

WATER SPORTS – **LES SPORTS AQUATIQUES**

Swimming – La nage

water polo
le water-polo

to dive
plonger

diving
le plongeon acrobatique

synchronized swimming
la natation synchronisée

water wings
le bracelet de natation

tube
la bouée

swimming pool
la piscine

wading pool
le petit bassin

life jacket
le gilet de sauvetage

pool noodle
la frite en mousse

swimmer
la nageuse

swimming cap
le bonnet de bain

bathing suit
le maillot de bain

goggles
les lunettes de natation

to swim	nager
diving board	le plongeoir
diving platform	le plongeoir
float	la planche à nager
to splash	barboter
lifeguard	le maître nageur
water aerobics	l'aérobic aquatique
aquatic park	le parc aquatique

WATER SPORTS – LES SPORTS AQUATIQUES

Sailing – La voile

mast
le mât

rigging
le gréement

mainsail
la grand-voile

foresail
le foc

bow
la proue

hull
la coque

stern
la poupe

life saver
la bouée de sauvetage

flare
la fusée éclairante

yachtsman
le navigateur

boom
la bôme

cockpit
le cockpit

tiller
la barre

swell	la houle
wind	le vent
ocean current	le courant marin
anchor	l'ancre
crew	l'équipage
rudder	le gouvernail
to *capsize*	chavirer
to *cruise*	croiser
marina	le port de plaisance
lifeboat	le canot de sauvetage
catamaran	le catamaran

WATER SPORTS – **LES SPORTS AQUATIQUES**

Diving – La plongée

wetsuit
la combinaison
de plongée

fins
la palme

diving tank
la bouteille d'air
comprimé

diving boot
le bottillon (de plongée)

diving regulator
le régulateur de débit

snorkel
le tuba

flashlight
la lampe de plongée

diving mask
le masque de plongée

depth gauge
le bathymètre

contents gauge
le manomètre

kayak
le kayak

canoe
le canoë

single-bladed paddle
la pagaie

seat
le siège

stem
l'étrave

double-bladed paddle
la pagaie double

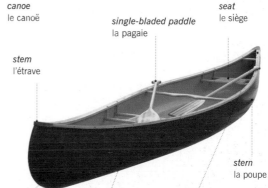

stern
la poupe

bow
la proue

hull
la coque

sternpost
l'étambot

WATER SPORTS – LES SPORTS AQUATIQUES

Surfing – Le surf

to surf surfer	*surfboard* la planche de surf	*windsurfing* la planche à voile	*clew* le point d'écoute	*mast* le mât

surfer le surfeur	*wave* la vague	*sail* la voile	*windsurfer* le véliplanchiste

paddleboard la planche à rame	*kite-surfing* le kitesurf	*boogieboarding* le bodyboard	*wakeboarding* le wakeboard

jet-ski® le jet-ski®	*water-ski* le ski nautique	*rowing* l'aviron	*rafting* le rafting

MARTIAL ARTS –
LES SPORTS DE COMBAT

karate
le karaté

aikido
l'iaïdo

kendo
le kendo

tae kwon do
le taekwondo

black belt
la ceinture noire

judo
le judo

kung fu
le kung-fu

kickboxing
la boxe pieds-poings

wrestling
la lutte

boxing
la boxe

punching bag
le sac de sable

speed bag
le punching-ball

headgear
le casque
(de boxe)

boxing glove
le gant de boxe

mouthguard	le protège-dents
sparring	le combat d'entraînement
knock-out	le knock-out
self-defense	l'autodéfense
t'ai chi	le taï chi
jiujitsu	le jiu-jitsu
capoeira	la capoeira
wing chun	le wing chun

EQUESTRIAN SPORTS –
L'ÉQUITATION

riding helmet
la bombe

rider
la cavalière

saddle
la selle

jodhpurs
la culotte de cheval

mane
la crinière

horse
le cheval

brow band
le frontal

bridle
la bride

nose band
la muserolle

bit
le mors

rein
la rêne

stirrup
l'étrier

girth
la sangle

hoof
le sabot

jump
le saut

cantle
le troussequin

riding boot
la botte d'équitation

pommel
le pommeau

EQUESTRIAN SPORTS – L'ÉQUITATION

horse racing
la course de chevaux

racehorse
le cheval de course

jockey
le jockey

dressage
l'équitation de dressage

horseback riding
la sortie à cheval

harness racing
la course de trot

steeplechase
le steeple-chase

to ride bareback
monter à cru

stable
l'écurie

rodeo
le rodéo

polo
le polo

show jumping
le saut d'obstacles

horseshoe	le fer à cheval
riding crop	la cravache
paddock	l'enclos
canter	le canter
gallop	le petit galop
walk	le pas
trotting race	la course de trot
flat race	la course de plat

groom
le palefrenier

FISHING –
LA PÊCHE

fisherman
le pêcheur

fishing rod and line
la gaule

fishing rod
la canne à pêche

fishing jacket
la veste de pêche

to *catch a fish*
attraper un poisson

landing net
l'épuisette

waders
les cuissardes

fishing equipment
l'équipement de pêche

fishing line
la ligne de pêche

artificial fly
la mouche
artificielle

float
la pose

fish hook
l'hameçon

eye
l'œillet

spool
le tambour

fishing reel
le moulinet

crank
la manivelle

barb
l'ardillon

FISHING –
LA PÊCHE

surfcasting
la pêche de bord de mer

to net
pêcher au filet

deep sea fishing
la pêche au large

fresh water fishing
la pêche en eau douce

spear fishing
la chasse sous-marine

to reel in
(r)amener

fly fishing
la pêche à la mouche

to catch
prendre

to release
relâcher

bait
l'appât

catch
la prise

lobster trap
le piège à homard

fishing license	le permis de pêche
to bite	mordre
krill	le krill
support (for fishing tackle)	le support de cannes
lure	le dévon
harpoon	le harpon
to cast the fishing line	lancer la ligne
to reel in a fish	ramener un poisson

tackle box
la boîte à leurres

WINTER SPORTS – LES SPORTS D'HIVER

helmet
le casque

powder
la (neige) poudreuse

basket
la rondelle

ski pole
le bâton de ski

ski suit
la combinaison de ski

ski lift   *tip*   *ski*   *ski boot*
le téléphérique   la pointe   le ski   la chaussure de ski

ski trail   *edge*   *skier*
la piste de ski   la carre   le skieur

slalom
le slalom

downhill skiing
la descente

ski jumping
le saut à ski

off-trail
hors piste

ski slope
la pente (skiable)

biathlon
le biathlon

cross-country skiing
le ski de fond

cross-country ski run
la piste de ski de fond

WINTER SPORTS –
LES SPORTS D'HIVER

ski goggles
les lunettes de ski

snowboarder
le snowboardeur

half pipe
le halfpipe

rail
le rail

snowboard   *safety binding*
le snowboard   la fixation

sledding
faire de la luge

luge
la luge (de compétition)

bobsledding
le bobsleigh

curling
le curling

to ice skate
faire du patin à glace

speed skating
le patinage de vitesse

skiing	le ski
snowboarding	le snowboard
winter pentathlon	le pentathlon d'hiver
freestyle	le ski freestyle
snow shoeing	la randonnée à raquettes
dog sledding	la course en traîneau tiré par des chiens
après ski	l'après-ski
ski lodge	le refuge (de montagne)

figure skating
le patinage artistique

OTHER SPORTS –
AUTRES SPORTS

climbing
l'escalade

hiking
la randonnée

biking
le cyclisme

mountain biking
faire du vélo tout terrain

rappelling
la descente en rappel

bungee jumping
le saut à l'élastique

hang-gliding
le deltaplane

parachuting
le parachutisme

rally driving
le rallye

formula one
la Formule 1 ®

motocross
le motocross

motorbike racing
la course de motos

skateboarding
le skate-board

longboarding
le longboard

in-line skating
le roller

off-roading
la conduite tout terrain

OTHER SPORTS –
AUTRES SPORTS

fencing
l'escrime

bowling
le bowling

archery
le tir à l'arc

hunting
la chasse

darts
le jeu de fléchettes

pool
le billard américain

snooker
le snooker

lacrosse
la crosse

rhythmic gymnastics
la gymnastique
rythmique

Frisbee®
le frisbee®

triathlon
le triathlon

rugby
le rugby

bocce
la pétanque

ballet
le ballet

croquet
le croquet

free running
le parkour

FITNESS –
LA CULTURE PHYSIQUE

gym
le club de culture physique

barbell
la barre d'haltères

weight
le disque (de poids)

bench
le banc de musculation

weight training
la musculation

biceps curl
l'entraînement des biceps

dumbbell
l'haltère court

bench press
le développé-couché

to train
s'entraîner

stationary bike
le vélo d'exercise

elliptical trainer
le vélo elliptique

exercise ball
le ballon de gymnastique

mat
le tapis

treadmill
le tapis de course

rowing machine
le rameur

FITNESS –
LA CULTURE PHYSIQUE

lunge
la fente en avant

forward bend
la flexion du tronc

push-up
la traction

sit-up
le redressement assis

muscle ache
la courbature

pull-up
la traction à la barre fixe

knee bend
la flexion du genou

Pilates
la méthode Pilates

spin class
le spinning®

heart rate monitor
le pulsomètre

aerobics
l'aérobic

to warm up	s'échauffer
to cool down	se rafraîchir
circuit training	l'entraînement en circuit
bodypump	le body pump
sauna	le sauna
locker room	le vestiaire
stretch	l'étirement
to burn calories	brûler des calories

step
le step

sneaker
la chaussure de sport

FREE TIME

LOISIRS

THEATER –
LE THÉÂTRE

① *balcony*
le balcon

② *mezzanine level*
le premier balcon

③ *box*
la loge

④ *dress circle*
le deuxième balcon

⑤ *tier*
le rang

⑥ *wings* les coulisses	⑦ *stage* la scène	⑧ *lobby* le foyer	⑨ *orchestra level* l'orchestre	⑩ *seat* le fauteuil	⑪ *curtain* le rideau

variety show
le spectacle de variétés

open-air theater
le théâtre en plein air

ballet
le ballet

performance
la représentation

magician
le magicien

comedian
l'humoriste

tragedy
la tragédie

comedy
la comédie

THEATER –
LE THÉÂTRE

play
la pièce de théâtre

① *set*
le décor

② *cast*
la distribution

③ *costume*
le costume de théâtre

④ *applause*
les applaudissements

⑤ *audience*
le public

rehearsal
la répétition

⑥ *actor*
l'acteur

⑦ *actress*
l'actrice

⑧ *director*
le metteur en scène

premiere	la première
intermission	l'entracte
program	le programme
dress rehearsal	la répétition générale
usher	l'ouvreur
backstage	la coulisse
box office	la caisse (du théâtre)
ticket	le billet d'entrée

dressing room
la loge d'artiste

MUSIC – **LA MUSIQUE**

The orchestra – L'orchestre

symphony orchestra	*gong*	*snare drum*	*bass drum*	*kettle drum*
l'orchestre symphonique	le gong	la caisse claire	la grosse caisse	la timbale

xylophone	*tubular bells*	*conductor's podium*	*music stand*
le xylophone	le carillon tubulaire	le pupitre du chef d'orchestre	le pupitre à musique

conductor
le chef d'orchestre

baton
la baguette (du chef
d'orchestre)

soloist
la soliste

opera singer
la cantatrice

musical score
la partition

overture	l'ouverture
quartet	le quatuor
sonata	la sonate
pitch	la hauteur du ton
to tune an instrument	accorder un instrument
orchestra pit	la fosse d'orchestre
chorus	le chœur
opera	l'opéra

MUSIC – LA MUSIQUE
Musical instruments – Les instruments de musique

violin
le violon

bow
l'archet

cello
le violoncelle

acoustic guitar
la guitare acoustique

harp
la harpe

electric guitar
la guitare électrique

bass guitar
la basse

tuba
le tuba

trombone
le trombone

bassoon
le basson

oboe
le haut-bois

French horn
le cor d'harmonie

trumpet
la trompette

piccolo
le piccolo

saxophone
le saxophone

clarinet
la clarinette

flute
la flûte

MUSIC – **LA MUSIQUE**

Musical instruments – Les instruments de musique

tambourine
le tambourin

cymbal
la cymbale

hi-hat
la cymbale double
à coulisse

drum set
la batterie

triangle
le triangle

maracas
les maracas

bongo drums
les bongos

kettle drum
la timbale

castanets
les castagnettes

sistrum
le sistre

pan pipes
la flûte de pan

drumstick
la baguette (de tambour)

harmonica
l'harmonica

bagpipe
la cornemuse

accordion
l'accordéon

grand piano
le piano à queue

MUSIC – LA MUSIQUE

Musical instruments – Les instruments de musique

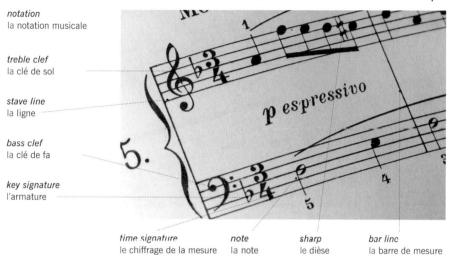

notation
la notation musicale

treble clef
la clé de sol

stave line
la ligne

bass clef
la clé de fa

key signature
l'armature

| *time signature* | *note* | *sharp* | *bar line* |
| le chiffrage de la mesure | la note | le dièse | la barre de mesure |

classical music
la musique classique

heavy metal
le heavy metal

rap
le rap

hip-hop
le hip-hop

reggae	le reggae
pop	la musique pop
country music	la (musique) country
indie music	la musique indépendante
blues	le blues
techno	la techno
soul	la musique soul
disco	le disco

jazz
le jazz

rock
le rock

MUSIC – LA MUSIQUE

Concerts – Les concerts

rock concert
le concert rock

① *spotlight*
le projecteur

② *microphone*
le micro

③ *band*
le groupe

④ *guitarist*
le guitariste

⑤ *amplifier*
l'amplificateur

⑥ *bass guitarist*
le bassiste

⑦ *drummer*
le batteur

⑧ *lead singer*
le chanteur

concert venue
la salle de concert

fans
les fans

music festival
le festival de musique

DJ
le disc-jockey

mixing console
le pupitre de mixage

to sing	chanter
to sing along	chanter avec quelqu'un
to whistle	siffler
encore	le bis
crowd-surfing	le slam
rave	le rave
song	la chanson
lyrics	les paroles

MUSIC – LA MUSIQUE

Listening to music – Écouter de la musique

stereo system
la chaîne stéréo

MP3 player
le lecteur de MP3

CD player
le lecteur de CD

volume control
le réglage du volume

loudspeaker
le baffle

record	*record player*
le disque (noir)	le tourne-disque

USB port
le port USB

radio
la radio

vocal piece	le morceau vocal
composition	la composition
instrumental piece	le morceau instrumental
acoustic	acoustique
chorus	le refrain
tune	la mélodie
beat	le rythme
cassette	la cassette

headphones
le casque

HOBBIES –
HOBBYS

to engrave
graver

to carve
sculpter

to collect stamps
collectionner les timbres

model trains
la maquette de chemin
de fer

sculpture
la sculpture

to sculpt
sculpter

to do pottery
faire de la poterie

to make mosaics
faire de la mosaïque

model making
le modélisme

to make jewelry
fabriquer des bijoux

to read
lire

to cook
cuisiner

to garden
jardiner

origami	l'origami
papier-mâché	le papier-mâché
scrapbooking	la collection de coupures
to restore furniture	restaurer les meubles
to sing in a choir	chanter dans un chœur
to make films	faire des films
to watch birds	observer les oiseaux
creative writing	l'écriture créative

HOBBIES – HOBBYS

Arts and crafts – Art et bricolage

colored pencil
le crayon de couleur

watercolor
l'aquarelle

crayon
le crayon gras

gloss paint
la laque (brillante)

oil pastel
le pastel à l'huile

chalk
la craie

oil paint
la peinture à l'huile

acrylic paint
la peinture acrylique

pastel
le pastel sec

felt tip
le feutre

India ink
l'encre de Chine

charcoal
le fusain

gouache
la gouache

glue
la colle

brush
le pinceau

palette
la palette

HOBBIES – **HOBBYS**

Arts and crafts – Art et bricolage

watercolor painting
l'aquarelle

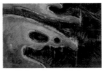

oil painting
la peinture à l'huile

collage
le collage

mural art
la peinture murale

pen-and-ink drawing
le lavis

abstract art
la peinture abstraite

landscape art
la peinture paysagiste

portrait painting
le portrait

pencil drawing
le dessin au crayon

still life
la nature morte

graffiti
le graffiti

screen printing
la sérigraphie

sketch
l'esquisse

nude painting
le nu

canvas
la toile

cardboard
le carton

color
la couleur

HOBBIES – **HOBBYS**

Arts and crafts – Art et bricolage

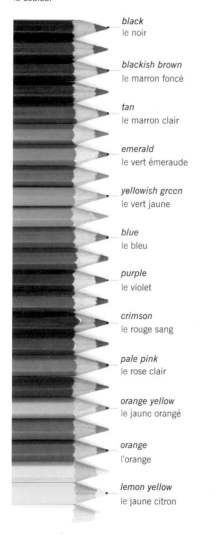

black
le noir

blackish brown
le marron foncé

tan
le marron clair

emerald
le vert émeraude

yellowish green
le vert jaune

blue
le bleu

purple
le violet

crimson
le rouge sang

pale pink
le rose clair

orange yellow
le jaune orangé

orange
l'orange

lemon yellow
le jaune citron

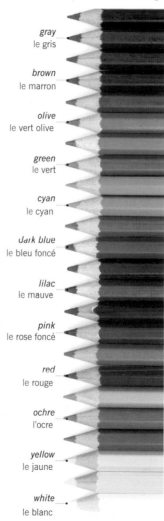

gray
le gris

brown
le marron

olive
le vert olive

green
le vert

cyan
le cyan

dark blue
le bleu foncé

lilac
le mauve

pink
le rose foncé

red
le rouge

ochre
l'ocre

yellow
le jaune

white
le blanc

HOBBIES – HOBBYS

Sewing and knitting – Couture et tricotage

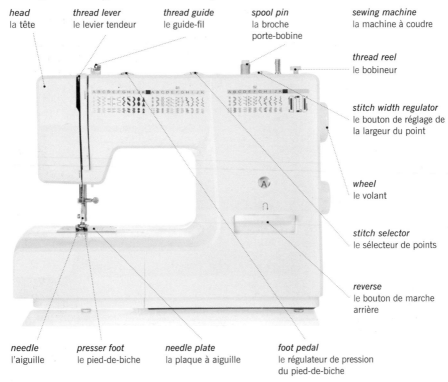

head
la tête

thread lever
le levier tendeur

thread guide
le guide-fil

spool pin
la broche
porte-bobine

sewing machine
la machine à coudre

thread reel
le bobineur

stitch width regulator
le bouton de réglage de
la largeur du point

wheel
le volant

stitch selector
le sélecteur de points

reverse
le bouton de marche
arrière

needle
l'aiguille

presser foot
le pied-de-biche

needle plate
la plaque à aiguille

foot pedal
le régulateur de pression
du pied-de-biche

overlock
la surjeteuse

tape measure
le mètre ruban de
couturière

bobbin
la canette

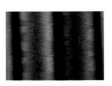

thread
le fil à coudre

HOBBIES – HOBBYS

Sewing and knitting – Couture et tricotage

tailor's dummy
le mannequin
(de tailleur)

scissors
les ciseaux

sewing kit
la boîte à couture

pincushion
la pelote à épingles

pattern
le patron

needle
l'aiguille

pin
l'épingle

safety pin
l'épingle de sûreté

fabric
le tissu

button
le bouton

to thread
enfiler une aiguille

needle threader
l'enfile-aiguilles

knitting needles
l'aiguille à tricoter

wool
la laine

thimble
le dé à coudre

seam ripper
le découd vite

HOBBIES – HOBBYS

Sewing and knitting – Couture et tricotage

to sew
coudre

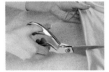
to cut
tailler

patchwork
le patchwork

to crochet
faire du crochet

cross stitch
le point de croix

to quilt
ouatiner

to knit
tricoter

to darn
repriser

to weave
tisser

to make lace
faire de la dentelle
(au fuseau)

to hook a rug
nouer un tapis au
crochet

zippers
la fermeture à glissière

to unpick
découdre

to embroider	broder
linen	le lin
silk	la soie
nylon®	le nylon®
cotton	le coton
polyester	le polyester
stitch	le point
to tack	faufiler

HOBBIES – HOBBYS

Movies – Le cinéma

movie theater
la salle de cinéma

snack bar
le snack-bar

① *big screen*
l'écran de cinéma

② *row*
le rang

drink
la boisson

popcorn
le pop corn

box office
le guichet

comedy
la comédie

horror film
le film d'horreur

romance
le film d'amour

animated film	le film d'animation
western	le western
preview	l'avant-première
film poster	l'affiche de cinéma
premiere	la première
thriller	le film à suspense
science-fiction film	le film de science-fiction
movie ratings	le classement des films

3D film
le film en 3D

HOBBIES – HOBBYS

Photography – Photographie

program selector
le sélecteur de programme

reflex camera
l'appareil reflex

hot shoe
le sabot de flash

(pop-up) flash
le flash (escamotable)

zoom lens
le zoom

lens
l'objectif

shutter release
le déclencheur

camera body
le boîtier de l'appareil
photo

aperture dial
le régulateur du diaphragme

delayed self-timer light
le signal lumineux du déclencheur
automatique

disposable camera
l'appareil photo jetable

instant camera
le Polaroid®

film camera
l'appareil photo
analogique

digital camera
l'appareil photo
numérique

tripod
le trépied

flashgun
le flash détachable

filter
le filtre

lens cap
le capuchon (protecteur)
d'objectif

HOBBIES – HOBBYS
Photography – Photographie

film
la pellicule

photo studio
le studio de photographie

to take a photo
prendre une photo

image editing
le traitement d'image

*compact flash
memory card*
la carte mémoire
compact-flash

to pose for a photo
se faire photographier

camera case
le sac d'appareil photo

dark room
la chambre noire

memory card
la carte à mémoire

out of focus
flou

overexposed
surexposé

underexposed
sous-exposé

portrait format	le format portrait
landscape format	le format paysage
enlargement	l'agrandissement
red-eye effect	l'effet yeux rouges
matte	mat
glossy	brillant
photo album	l'album de photos
negative	le négatif

digital frame
le cadre numérique

HOBBIES – **HOBBYS**

Games – Jeux

playing card
la carte à jouer

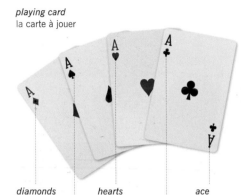

joker
le joker

king
le roi

diamonds
le carreau

hearts
le cœur

ace
l'as

spades
le pique

clubs
le trèfle

queen
la dame

jack
le valet

to shuffle
battre les cartes

to deal
donner

hand
le jeu

to play poker
jouer au poker

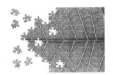

domino
le domino

backgammon
le backgammon

checkers
le jeu de dames

jigsaw puzzle
le puzzle

HOBBIES – **HOBBYS**

chess
les échecs

Games – Jeux

king
le roi

queen
la reine

bishop
le fou

knight
le cavalier

rook
la tour

pawn
le pion

white square
la case blanche

chessboard
l'échiquier

black square
la case noire

move
le coup

board game
le jeu de société

Monopoly®
le Monopoly®

parchisi
le jeu des petits chevaux

to *roll the dice*	jeter les dés
to *cheat*	tricher
luck	la chance
bad luck	la malchance
Whose turn is it?	C'est à qui?
It's your turn.	C'est à toi.
to *win*	gagner
to *lose*	perdre

Jenga®
le Jenga®

dice
les dés

VACATION – **VACANCES**
At the beach – À la plage

beach
la plage

sand dune
la dune littorale

sunset
le coucher du soleil

sea
la mer

beach chair
la chaise de plage

sand
le sable

coast
la côte

boardwalk
la promenade
(du bord de mer)

deckchair
la chaise longue

beach ball
le ballon de plage

beach towel
la serviette de plage

shovel
la pelle

flip-flop
la tong

pail
le seau

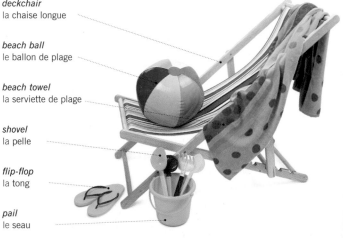

VACATION – VACANCES
At the beach – À la plage

umbrella
le parasol

pebble beach
la plage de galets

beach shelter
l'abri de plage

sandcastle
le château de sable

seaweed
le algues

sunscreen
la crème solaire

beach resort
la station balnéaire

jetty
l'appontement

crossword
les mots croisés

sudoku
le sudoku

beach hut
la cabine de bain

beach bar
le bar de plage

low tide	la marée basse
high tide	la marée haute
current	le courant
nudist beach	la plage de nudistes
flotsam	les épaves
to snorkel	faire de la plongée avec un tuba
sunburn	le coup de soleil
surf	le ressac

to sunbathe
prendre un bain de soleil

VACATION – VACANCES

Camping – Le camping

motor home
le camping-car

camper
la caravane

camper van
le camping-car

tepee
le tipi

folding chair
la chaise de camping

gas burner
le réchaud à gaz

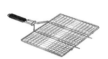

barbecue grill
la grille de barbecue

campfire
le feu de camp

campsite
le terrain de camping

pocket knife
le couteau de poche

hammock
le hamac

tent
la tente

to pitch a tent
monter une tente

gas cylinder	la bouteille de gaz
propane gas	le gaz propane
headlamp	la lampe frontale
power connector	le branchement électrique
shower and toilet block	le bloc sanitaire
firelighter	l'allume-feu
charcoal	le charbon de bois
insect repellent	le produit insectifuge

VACATION – **VACANCES**

Camping – Le camping

sleeping bag
le sac de couchage

screen
le double-toit

inner tent
la tente intérieure

tent flap
la porte de la tente

frame
le mât de tente

ground cloth
le tapis de sol

zipper
la fermeture à glissière

air mattress
le matelas pneumatique

backpack
le sac à dos

sleeping pad
le tapis de sol double
enduction

hiking pole
le bâton de randonnée

tent stake
le piquet

flashlight
la lampe de poche

hiking boot
la chaussure
de marche

kerosene lamp	la lampe à pétrole
air pump	le gonfleur
chemical toilet	les toilettes de camping
chemical toilet disposal point	l'aire de vidange
waterproof	imperméable
thermal underwear	le (sous-)vêtement thermique
mosquito net	la moustiquaire
to roast marshmallows	griller des guimauves
Can I pitch my tent here?	Est-ce que je peux monter ma tente ici?

water canister
le bidon d'eau

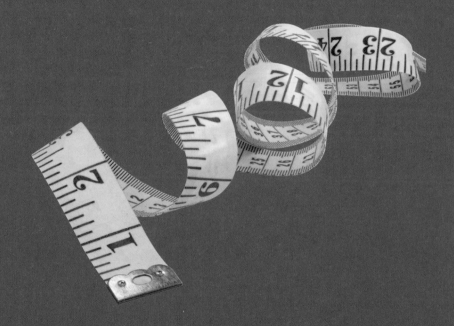

BODY AND HEALTH

CORPS ET SANTÉ

THE BODY –
LE CORPS

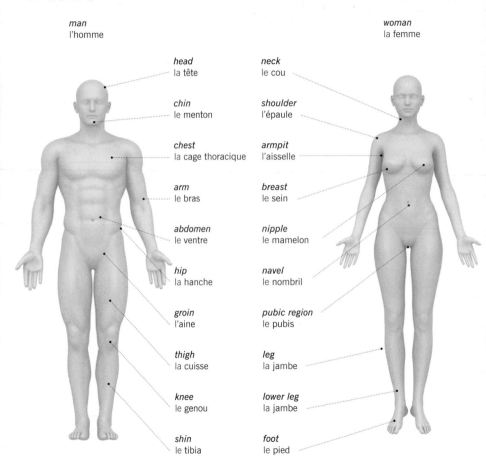

man
l'homme

woman
la femme

head
la tête

neck
le cou

chin
le menton

shoulder
l'épaule

chest
la cage thoracique

armpit
l'aisselle

arm
le bras

breast
le sein

abdomen
le ventre

nipple
le mamelon

hip
la hanche

navel
le nombril

groin
l'aine

pubic region
le pubis

thigh
la cuisse

leg
la jambe

knee
le genou

lower leg
la jambe

shin
le tibia

foot
le pied

THE BODY –
LE CORPS

woman
la femme

man
l'homme

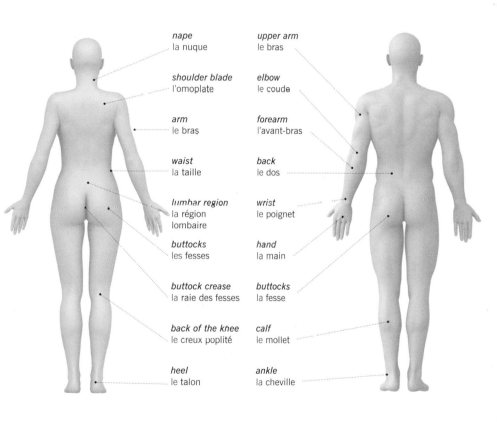

nape
la nuque

shoulder blade
l'omoplate

arm
le bras

waist
la taille

lumbar region
la région
lombaire

buttocks
les fesses

buttock crease
la raie des fesses

back of the knee
le creux poplité

heel
le talon

upper arm
le bras

elbow
le coude

forearm
l'avant-bras

back
le dos

wrist
le poignet

hand
la main

buttocks
la fesse

calf
le mollet

ankle
la cheville

THE BODY – **LE CORPS**

Hand and foot – La main et le pied

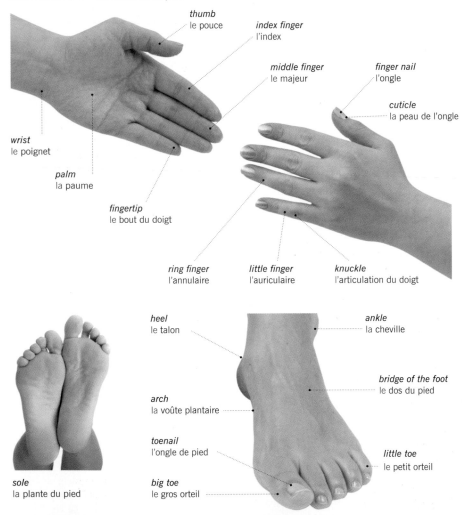

thumb
le pouce

index finger
l'index

middle finger
le majeur

finger nail
l'ongle

cuticle
la peau de l'ongle

wrist
le poignet

palm
la paume

fingertip
le bout du doigt

ring finger
l'annulaire

little finger
l'auriculaire

knuckle
l'articulation du doigt

heel
le talon

ankle
la cheville

bridge of the foot
le dos du pied

arch
la voûte plantaire

toenail
l'ongle de pied

little toe
le petit orteil

sole
la plante du pied

big toe
le gros orteil

THE BODY – **LE CORPS**

The head – La tête

brain
le cerveau

cerebrum
le cerveau

cerebellum
le cervelet

brainstem
le tronc cérébral

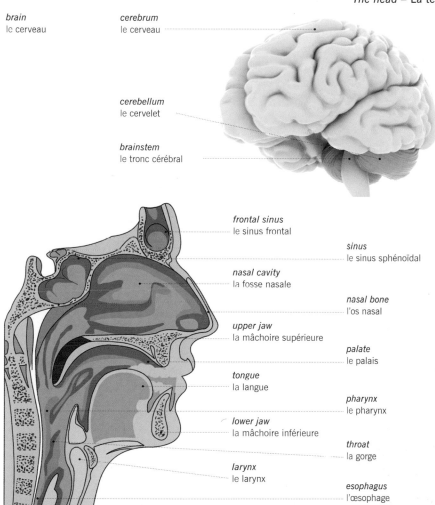

frontal sinus
le sinus frontal

sinus
le sinus sphénoïdal

nasal cavity
la fosse nasale

nasal bone
l'os nasal

upper jaw
la mâchoire supérieure

palate
le palais

tongue
la langue

pharynx
le pharynx

lower jaw
la mâchoire inférieure

throat
la gorge

larynx
le larynx

esophagus
l'œsophage

THE BODY – **LE CORPS**

Muscles – Les muscles

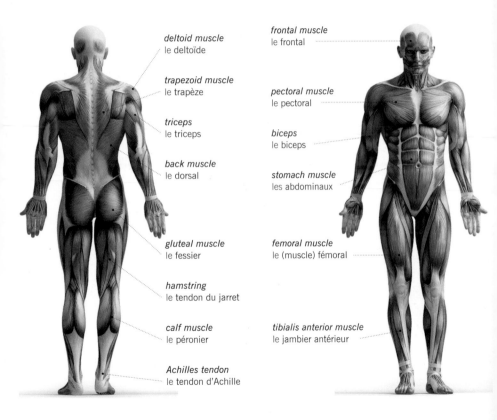

deltoid muscle
le deltoïde

frontal muscle
le frontal

trapezoid muscle
le trapèze

pectoral muscle
le pectoral

triceps
le triceps

biceps
le biceps

back muscle
le dorsal

stomach muscle
les abdominaux

gluteal muscle
le fessier

femoral muscle
le (muscle) fémoral

hamstring
le tendon du jarret

calf muscle
le péronier

tibialis anterior muscle
le jambier antérieur

Achilles tendon
le tendon d'Achille

THE BODY – LE CORPS
The skeleton – Le squelette

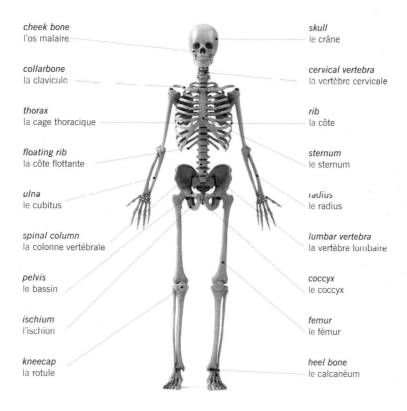

cheek bone
l'os malaire

collarbone
la clavicule

thorax
la cage thoracique

floating rib
la côte flottante

ulna
le cubitus

spinal column
la colonne vertébrale

pelvis
le bassin

ischium
l'ischion

kneecap
la rotule

skull
le crâne

cervical vertebra
la vertèbre cervicale

rib
la côte

sternum
le sternum

radius
le radius

lumbar vertebra
la vertèbre lombaire

coccyx
le coccyx

femur
le fémur

heel bone
le calcanéum

THE BODY – LE CORPS

Internal organs – Les organes internes

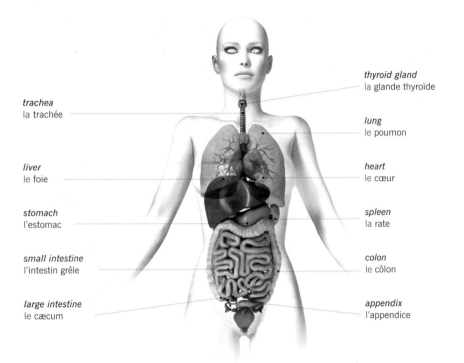

thyroid gland
la glande thyroïde

trachea
la trachée

lung
le poumon

liver
le foie

heart
le cœur

stomach
l'estomac

spleen
la rate

small intestine
l'intestin grêle

colon
le côlon

large intestine
le cæcum

appendix
l'appendice

kidney	le rein
pancreas	le pancréas
duodenum	le duodénum
gall bladder	la vésicule biliaire
diaphragm	le diaphragme
tissue	le tissu
tendon	le tendon
gland	la glande
cartilage	le cartilage

THE BODY – LE CORPS

The body's systems – Les systèmes du corps

cardiovascular system
le système cardio-vasculaire

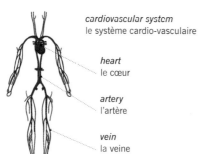

heart
le cœur

artery
l'artère

vein
la veine

urinary tract
l'appareil urinaire

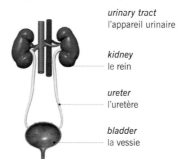

kidney
le rein

ureter
l'uretère

bladder
la vessie

respiratory system
l'appareil respiratoire

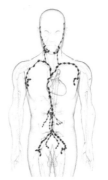

male reproductive system
le système reproducteur masculin

digestive system
l'appareil digestif

endocrine system
le système endocrinien

lymphatic system
le système lymphatique

female reproductive system
le système reproducteur féminin

nervous system	le système nerveux
circulation	la circulation sanguine
sense of touch	le toucher
sense of sight	la vue
sense of hearing	l'ouïe
sense of smell	l'odorat
sense of taste	le goût
sense of balance	le sens de l'équilibre

THE BODY – LE CORPS

Sex organs – Les organes sexuels

male sex organs
les organes sexuels masculins

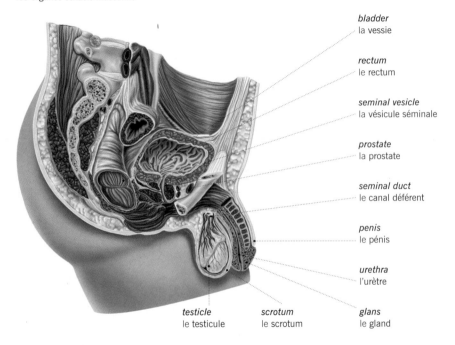

bladder
la vessie

rectum
le rectum

seminal vesicle
la vésicule séminale

prostate
la prostate

seminal duct
le canal déférent

penis
le pénis

urethra
l'urètre

glans
le gland

testicle
le testicule

scrotum
le scrotum

erection	l'érection
foreskin	le prépuce
circumcision	la circoncision
ejaculation	l'éjaculation
potent/impotent	sexuellement puissant/impuissant
hormone	l'hormone
sexual intercourse	les rapports sexuels
sexually transmitted disease	la maladie vénérienne

THE BODY – **LE CORPS**

Sex organs – Les organes sexuels

female sex organs
les organes sexuels féminins

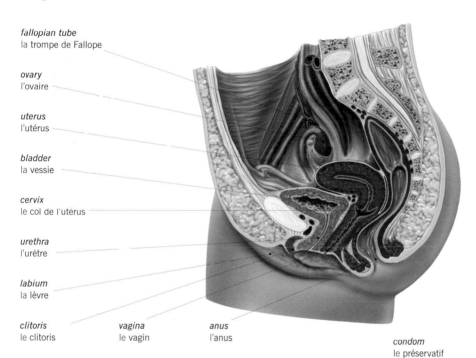

fallopian tube
la trompe de Fallope

ovary
l'ovaire

uterus
l'utérus

bladder
la vessie

cervix
le col de l'utérus

urethra
l'urètre

labium
la lèvre

clitoris   *vagina*   *anus*
le clitoris   le vagin   l'anus

condom
le préservatif

IUD	le stérilet
sponge	le pessaire
diaphragm	le diaphragme
contraception	la contraception
ovulation	l'ovulation
menstruation	les règles
infertile/fertile	stérile/fertile
abortion	l'avortement

birth control pill
la pillule

PREGNANCY AND BIRTH –
GROSSESSE ET ACCOUCHEMENT

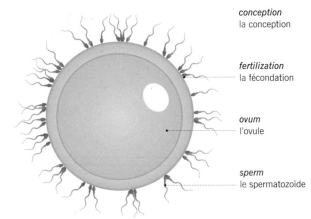

conception
la conception

fertilization
la fécondation

ovum
l'ovule

sperm
le spermatozoïde

ultrasound
l'échographie

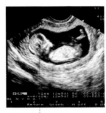

embryo
l'embryon

pregnancy test
le test de grossesse

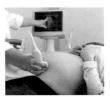

sonogram
l'examen échographique

midwife
la sage-femme

birth
l'accouchement

pregnant	enceinte
labor pains	les douleurs de l'accouchement
induce labor	provoquer l'accouchement
to *push*	pousser
umbilical cord	le cordon ombilical
placenta	le placenta
amniotic fluid	le liquide amniotique
amniotic sac	la poche des eaux

PREGNANCY AND BIRTH – GROSSESSE ET ACCOUCHEMENT

bottle
le biberon

breast-feed
allaiter

baby
le nourrisson

measuring scoop
la mesurette

formula
le lait en poudre

premature baby
le prématuré

incubator
la couveuse

newborn baby
le nouveau-né

breast pump
le tire-lait

delivery room	la salle d'accouchement
Cesarean section	la césarienne
premature birth	l'accouchement prématuré
miscarriage	la fausse couche
identical twins	les vrais jumeaux
fraternal twins	les faux jumeaux
birth weight	le poids à la naissance
vaccination	la vaccination

bottle-feed
donner le biberon

AT THE DOCTOR'S – LA VISITE MÉDICALE

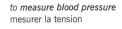
to measure blood pressure
mesurer la tension

waiting room
la salle d'attente

prescription
l'ordonnance

doctor
le médecin

patient
la patiente

cuff
le brassard

consultation room
le cabinet de consultation

stethoscope
le stéthoscope

examination table
la table d'examen

blood pressure monitor
le tensiomètre

doctor's office hours	les heures de consultation
to take a blood sample	faire une prise de sang à quelqu'un
appointment	le rendez-vous
treatment	le traitement
diagnosis	le diagnostic
referral	la recommandation
results	les résultats
health insurance	l'assurance maladie

SYMPTOMS AND ILLNESSES –
SYMPTÔMES ET MALADIES

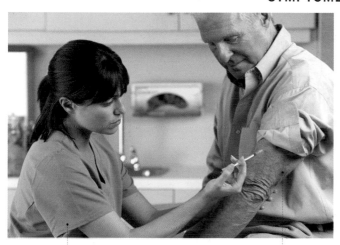

sore throat
le mal à la gorge

headache
le mal de tête

to give somebody an injection
faire une piqûre à quelqu'un

to have an injection
recevoir une piqûre

virus	le virus
infection	l'infection
allergy	l'allergie
rash	l'éruption cutanée
eczema	l'eczéma
migraine	la migraine
nosebleed	le saignement de nez
conjunctivitis	la conjonctivite
inflammation of the middle ear	l'otite
diarrhea	la diarrhée
stomach flu	la grippe intestinale
dizziness	le vertige
nausea	la nausée
cramp	la crampe
bronchitis	la bronchite
bladder infection	la cystite

stomachache
le mal d'estomac

toothache
le mal de dent

SYMPTOMS AND ILLNESSES –
SYMPTÔMES ET MALADIES

ill
malade

cold
le rhume

cough
la toux

healthy
sain

flu
le refroidissement

influenza
la grippe

sneezing
l'éternuement

fever
la fièvre

hay fever
le rhume des foins

high/low blood pressure
l'hypertension/
hypotension

inflammation	l'inflammation
shingles	le zona
deficiency symptom	la carence
blood poisoning	la septicémie
psoriasis	le psoriasis
childhood illness	la maladie infantile
rubella	la rubéole
scarlet fever	la scarlatine
chickenpox	la varicelle
mumps	les oreillons
whooping cough	la coqueluche
measles	la rougeole
polio	la poliomyélite
tetanus	le tétanos
tuberculosis	la tuberculose
rickets	le rachitisme
meningitis	la méningite
diphtheria	la diphtérie
rabies	la rage

SYMPTOMS AND ILLNESSES –
SYMPTÔMES ET MALADIES

rheumatism
le rhumatisme

diabetes
le diabète

asthma
l'asthme

inhaler
l'inhalateur

insomnia
l'insomnie

AIDS
le sida

breathing difficulty	l'asphyxie
Alzheimer's disease	la maladie d'Alzheimer
dementia	la démence
Parkinson's disease	la maladie de Parkinson
cancer	le cancer
abscess	l'abcès
thyroid disorder	le dysfonctionnement thyroïdien
heart attack	l'infarctus
stroke	l'attaque cérébrale
HIV positive/negative	séropositif/séronégatif
multiple sclerosis	la sclérose en plaques
epilepsy	l'épilepsie
depression	la dépression
eating disorder	les troubles du comportement alimentaire
addiction	la dépendance

transplant
la transplantation

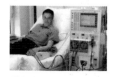

dialysis
la dialyse

DISABILITIES – HANDICAPS

guide dog
le chien d'aveugle

wheelchair
le fauteuil roulant

handle
la poignée de poussée

arm rest
l'accoudoir

hand-rimmed wheel
la main-courante

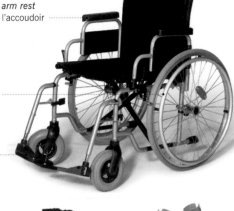

foot rest
le repose-pied

walking stick
la canne d'aveugle

sign language
le langage des signes

hearing aid
l'appareil auditif

wheeled walker
le déambulateur

crutches
les béquilles

artificial limb
la prothèse

paralyzed	paralysé
spastic paralysis	la dyskinésie
to limp	boiter
blind	aveugle
hard of hearing	malentendant
deaf	sourd
disabled	handicapé
severely disabled	invalide

INJURIES –
BLESSURES

sprain
l'entorse

burn
la brûlure

cut
la coupure

fracture
la fracture

poisoning
l'intoxication

insect bite
la piqûre d'insecte

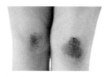

bruise
la contusion

to faint
s'évanouir

whiplash
le coup du lapin

blister
l'ampoule

sunburn
le coup de soleil

slipped disc
la hernie discale

wound	la plaie
burn	la brûlure
blood	le sang
to *bleed*	saigner
hemorrhage	l'hémorragie
concussion	la commotion cérébrale
to *dislocate an arm/a vertebra*	se démettre le bras/une vertèbre
to *sprain/fracture one's foot*	se fouler/se casser le pied

electric shock
la décharge électrique

AT THE DENTIST'S –
CHEZ LE DENTISTE

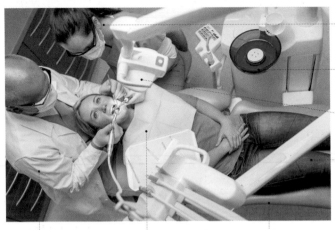

dental nurse
l'assistante du dentiste

sink
le crachoir

reflector
la lampe de dentiste

patient
la patiente

dentist
le dentiste

dental bib
le bavoir dentaire

dentist's chair
le fauteuil de dentiste

dental instruments
les instruments de
dentiste

surgical mask
le masque chirurgical

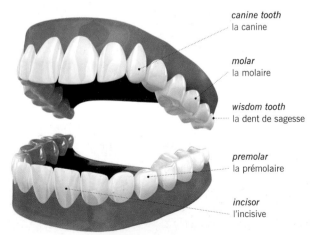

canine tooth
la canine

molar
la molaire

wisdom tooth
la dent de sagesse

premolar
la prémolaire

incisor
l'incisive

tooth
la dent

enamel
l'émail des dents

gum
la gencive

root
la racine de la dent

nerve
le nerf

AT THE DENTIST'S – CHEZ LE DENTISTE

dentures
la prothèse dentaire

retainer
la gouttière antibruxisme

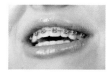

braces
l'appareil dentaire

to *floss one's teeth*
utiliser du fil dentaire

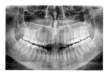

X-ray
la radiographie

crown
la couronne

implant	l'implant
to *extract a tooth*	arracher une dent
local anesthetic	l'anesthésie locale
oral hygiene	l'hygiène buccale
plaque	la plaque dentaire
tooth decay	la carie dentaire
filling	le plombage
root canal	le traitement de la racine

mouthwash
le bain de bouche

AT THE OPTOMETRIST –
CHEZ L'OPTICIEN

eye
l'œil

pupil
la pupille

glasses
les lunettes

optic nerve
le nerf optique

lens
le cristallin

cornea
la cornée

frame
la monture

lens
le verre

retina
la rétine

iris
l'iris

optometrist
l'opticienne

eye test
le test visuel

lens case
l'etui à lentilles

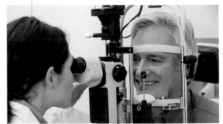

contact lens
la lentille de contact

glasses cloth	le chiffon à lunettes
eye drops	le collyre
reading glasses	les lunettes de lecture
far-sighted	hypermétrope
near-sighted	myope
bifocal glasses	les lunettes à double foyer
cataract	la cataracte
glaucoma	le glaucome

IN THE HOSPITAL –
À L'HÔPITAL

hospital room
la chambre d'hôpital

private room
la chambre individuelle

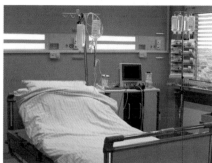

bedside table
la table de chevet

overbed table
la table de lit

IV pole
le support de perfusion

hospital bed
le lit d'hôpital

privacy curtain
le rideau de séparation

to be admitted	être hospitalisé
to be discharged	sortir de l'hôpital
out-patient	le patient non-hospitalisé
in-patient	le patient hospitalisé
visiting hours	les heures de visite
children's ward	le service de pédiatrie
neurology	la neurologie
oncology	l'oncologie
orthopedics	l'orthopédie
cardiology	la cardiologie
gastroenterology	la gastroentérologie
gynecology	la gynécologie
ear, nose, and throat department	le service d'oto-rhino-laryngologie
quarantine	la quarantaine

emergency call button
le bouton d'appel
d'urgence

ward
le service hospitalier

IN THE HOSPITAL – À L'HÔPITAL

operation
l'opération

Surgery – La chirurgie

surgical lighting
la lampe scialytique

surgeon
le chirurgien

operating room
la salle d'opération

surgical mask
le masque chirurgical

operating nurse
l'infirmière de la salle
d'opération

recovery room
la salle de réveil

operating table
la table d'opération

scrubs
la blouse chirurgicale

anesthesiologist
l'anesthésiste

scar
la cicatrice

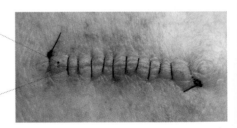

surgical tools
les instruments
chirurgicaux

sutures
les fils

local anesthesia	l'anesthésie locale
general anesthesia	l'anesthésie générale
rehab	la rééducation
post-operative care	les soins post-opératoires
bed rest	l'alitement
convalescence	la convalescence
dead	mort
death	la mort

IN THE HOSPITAL – À L'HÔPITAL

Emergency – Le service des urgences

intensive care unit
le service des soins intensifs

emergency room
les urgences

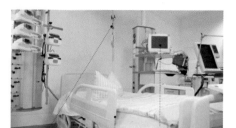

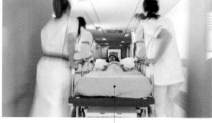

call button
le bouton d'appel

cardiac monitor
le moniteur cardiaque

gurney
la civière

hospital bed
le lit d'hôpital

X-ray machine
l'appareil de radiographie

X-ray
la radiographie

waiting room
la salle d'attente

attending physician
le médecin traitant

CT scan	la tomographie informatisée
radiation	le rayonnement
to *diagnose*	diagnostiquer
coma	le coma
unconscious	sans connaissance
ventilation	la respiration artificielle
to *regain consciousness*	reprendre connaissance
to *recuperate*	guérir

MRI scan
l'examen au
scanner IRM

THE PHARMACY –
LA PHARMACIE

medication
le médicament

capsule
la capsule

cough syrup
le sirop contre la toux

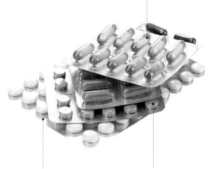

blister pack
le blister

tablet
le comprimé

dosage
le dosage

measuring cup
le gobelet mesureur

suppository
le suppositoire

ointment
la pommade

syringe
la seringue

pharmacist
la pharmacienne

drops
les gouttes

spray
le spray

vitamin pill
le comprimé
de vitamines

effervescent tablet
le comprimé effervescent

THE PHARMACY – LA PHARMACIE

nutritional supplement
la supplément
nutritionnel

sunscreen
la crème solaire

insect repellent
le spray antimoustique

thermometer
le thermomètre médical

nail file
la lime à ongles

tampon
le tampon (hygiénique)

panty liner
le protège-slip

wet wipe
la lingette humide

lip balm
le baume pour les lèvres

tweezers
la pince à épiler

deodorant
le déodorant

throat lozenge
la pastille contre la toux

symptom	le symptôme
side effect	l'effet secondaire
instructions	la notice
skin care	les soins de la peau
painkiller	l'analgésique
sedative	le calmant
sleeping pill	le somnifère
expiration date	la date de péremption

ear plugs
les boules Quiès®

ALTERNATIVE MEDICINE – LA MÉDECINE PARALLÈLE

meditation
la méditation

yoga
le yoga

tai chi
le taï-chi

ayurveda
l'ayurvéda

osteopathy
l'ostéopathie

reiki
le reiki

massage
le massage

hypnosis
l'hypnose

traditional Chinese medicine
la médecine chinoise traditionnelle

reflexology massage
la réflexologie plantaire

homeopathic remedy
le remède homéopathique

herbal medicine
la phytothérapie

acupuncture
l'acupuncture

course of treatment	la cure
palliative care	les soins palliatifs
relaxation	la détente
detoxification	la désintoxication
detoxification program	la cure de désintoxication
to be in detox	se désintoxiquer
therapy	la thérapie
light therapy	la photothérapie

WELLNESS –
BIEN-ÊTRE

facial
les soins du visage

sauna
le sauna

beautician
l'esthéticienne

face mask
le masque de beauté

heating stove
le poêle

bench
le banc

head rest
le repose-tête

infusion bucket
le baquet à eau

lounge room
la salle de repos

spa
le spa

manicure
la manucure

pedicure
la pédicure

waxing	l'épilation à la cire
steam room	le bain de vapeur
herbal preparation	la projection d'eau
peeling	le peeling
complexion	le teint
to cleanse	nettoyer
I have sensitive/dry skin.	J'ai la peau sensible/sèche.
I have oily/normal skin.	J'ai la peau grasse/normale.

solarium
le solarium

EMERGENCIES

URGENCES

FIRST AID –
PREMIERS SOINS

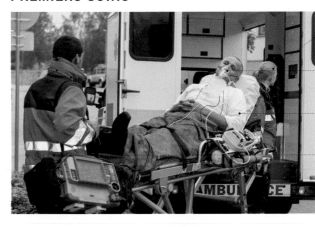

ambulance
l'ambulance

ambulance driver
l'ambulancière

oxygen mask
le masque à oxygène

accident victim
la victime de l'accident

paramedic
le secouriste

stretcher
la civière

accident scene
le lieu de l'accident

mouth-to-mouth
resuscitation
le bouche-à-bouche

pulse measurement
la mesure du pouls

recovery position
la position latérale
de sécurité

ambulance service
le service de secours

defibrillator
le défibrillateur

accident	l'accident
resuscitation	la réanimation
cardiac massage	le massage cardiaque
pulse	le pouls
unconscious	sans connaissance
apply first aid	donner les premiers soins
emergency doctor	le médecin urgentiste
nurse	l'infirmier urgentiste

FIRST AID –
PREMIERS SOINS

dressing material
le pansement

bandage
le bandage

medical tape
le sparadrap

adhesive bandage
le sparadrap

bandage scissors
les ciseaux à pansements

first-aid kit
la trousse de secours

first-aid course
le cours de secourisme

disinfectant
le (produit) désinfectant

elastic bandage
la bande adhésive
élastique

sterile	stérile
to survive	survivre
traumatized	traumatisé
to be in shock	être en état de choc
shock	le choc
blood donation	le don de sang
organ donation	le don d'organes
adrenaline	l'adrénaline

gauze bandage
la bande de gaze

THE POLICE –
LA POLICE

duty belt
le ceinturon de service

walkie-talkie
le talkie-walkie

gun
le pistolet

baton
la matraque

handcuffs
les menottes

uniform
l'uniforme

finger print
l'empreinte digitale

crime scene
le lieu du crime

police officer
la policière

rookie
le bleu

badge
l'insigne de police

witness	le témoin
testimony	le témoignage
criminal	le criminel
illegal	illégal
criminal detective	l'inspecteur
correctional officer	le surveillant de prison
suspect	le/la suspect/suspecte
investigation	l'enquête

THE POLICE –
LA POLICE

police car
la voiture de police

light bar
la barre lumineuse

police siren
la sirène

piece of evidence
la pièce à conviction

jail
la prison

break-in
l'effraction

theft
le vol

arrest
l'arrestation

violence
la violence

mugging
l'attaque à main armée

pickpocketing
le vol à la tire

abduction
l'enlèvement

criminal offense	le délit
bodily harm	les coups et blessures
rape	le viol
murder	le meurtre
assault	l'agression
to escape	prendre la fuite
to molest	agresser sexuallement
guilty	coupable

POLICE LINE DO NOT C

POLICE LINE DO NOT CI

barricade tape
la ruban de balisage

THE FIRE DEPARTMENT –
LES POMPIERS

fire extinguisher
l'extincteur

firefighter
le pompier

visor
la visière

fire helmet
le casque de pompier

turnout coat
la vêtement ignifuge
de pompier

reflective stripe
la bande réfléchissante

hydrant
la bouche d'incendie

fire hose
le tuyau d'incendie

firefighting
la lutte contre les
incendies

emergency exit
la sortie de secours

ax
la hache

smoke detector
le détecteur de fumée

fire station
la caserne de pompiers

fire engine
le camion de pompiers

IN THE MOUNTAINS –
EN MONTAGNE

helmet
le casque

mountain rescue service
le service de secours
en montagne

rescue mission
l'intervention des
secours

snap link
le mousqueton

rope
la corde

rescue worker
le sauveteur

rescue sled
le traîneau de sauvetage

snowmobile
la motoneige

safety net
le filet de sécurité

avalanche
l'avalanche

avalanche transceiver
l'appareil de recherche
de victimes d'avalanche

rescue dog
le chien de sauvetage

rescue helicopter
l'hélicoptère de secours

avalanche protection
le pare-avalanches

avalanche warning sign
le panneau de risque
d'avalanche

AT SEA – **EN MER**

life vest
le gilet de sauvetage

life preserver
la bouée de sauvetage

assembly point (sign)
le lieu de rassemblement

storm
la tempête

life buoy
la bouée de sauvetage

lifeguard
le sauveteur

watchtower
la tour de guet

tsunami
le tsunami

coastguard boat
la vedette côtiere
de la surveillance
maritime

life boat
la chaloupe de
sauvetage

to capsize
chavirer

shipwreck
le naufrage

missing person	le/la disparu/disparue
rescue rope	la corde de sauvetage
weather conditions	les conditions météorologiques
shipping forecast	la météo marine
search	les recherches
to drown	se noyer
accident at sea	l'avarie
to be in distress at sea	être en perdition

OTHER EMERGENCIES –
AUTRES SITUATIONS DE DÉTRESSE

explosion
l'explosion

epidemic
l'épidémie

evacuation
l'évacuation

bomb alert
l'alerte à la bombe

nuclear disaster
la catastrophe nucléaire

emergency landing
l'atterrissage forcé

terrorist attack
l'attentat terroriste

to rescue
sauver

emergency number
le numéro (d'appel)
d'urgence

surveillance camera
la caméra de
surveillance

injured person
le blessé ·············

injury
la blessure ·············

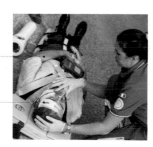

missing person	le/la disparu/disparue
search party	l'équipe de recherches
danger	le danger
Help!	Au secours!
There's been an accident!	Il est arrivé un accident!
Call an ambulance!	Appelez une ambulance!
Call the police!	Appelez la police!
Call the fire department!	Appelez les pompiers!

Danger beware!
Attention, danger!

EARTH AND NATURE

TERRE ET NATURE

SPACE –
L'ESPACE

solar system
le système solaire

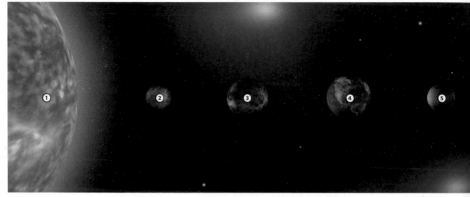

① *sun*
le Soleil

② *Mercury*
Mercure

③ *Venus*
Vénus

④ *Earth*
la Terre

⑤ *Mars*
Mars

lunar phases
les phases de la lune

⑤ *crescent*
le croissant (de lune)

① *waxing moon*
la lune croissante

② *half moon*
le premier/
dernier quartier
(de lune)

③ *full moon*
la pleine lune

④ *waning moon*
la lune décroissante

SPACE –
L'ESPACE

⑥ *Jupiter*
Jupiter

⑦ *Saturn*
Saturne

⑧ *Uranus*
Uranus

⑨ *Neptune*
Neptune

spaceship
le vaisseau spatial

① *external fuel tank*
le réservoir externe

② *booster*
le propulseur d'appoint

③ *orbiter*
l'orbiteur

SPACE –
L'ESPACE

solar eclipse
l'éclipse de soleil

galaxy
la galaxie

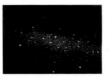

Milky Way
la Voie Lactée

comet
la comète

asteroid
l'astéroïde

planet
la planète

meteor
le météore

universe
l'univers

astronaut
l'astronaute

satellite
le satellite

observatory
l'observatoire

radio telescope
le radiotélescope

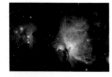

nebula
la nébuleuse

black hole	le trou noir
gravity	la pesanteur
orbit	l'orbite
light year	l'année-lumière
big bang	le big-bang
star	l'étoile
space station	la station spatiale
astronomy	l'astronomie

PLANET EARTH –
LA TERRE

① *North Pole*
le pôle Nord

② *inland sea*
la mer intérieure

③ *peninsula*
la péninsule

④ *strait*
le détroit

⑤ *gulf*
le golfe

⑥ *continent*
le continent

⑦ *sea*
la mer

⑧ *land*
la terre

⑨ *mountain range*
la chaîne de montagnes

⑩ *South Pole*   ⑪ *lake*   ⑫ *island*   ⑬ *bay*
le pôle Sud   le lac   l'île   la baie

atmosphere	l'atmosphère
mantle	le manteau (terrestre)
earth's crust	la croûte terrestre
inner core	le noyau interne
outer core	le noyau externe
plate	la plaque
bedrock	le soubaissement
soil	la terre

WORLD MAP –
LA CARTE DU MONDE

① *Arctic Ocean*
l'océan Arctique

⑥ *Pacific Ocean*
l'océan Pacifique

⑦ *Atlantic Ocean*
l'océan Atlantique

⑧ *Indian Ocean*
l'océan Indien

⑨ *Arabian Sea*
la mer d'Oman

⑩ *Caribbean Sea*
la mer des Caraïbes

⑪ *Mediterranean Sea*
la mer Méditerranée

⑫ *North Sea*
la mer du Nord

⑬ *Baltic Sea*
la mer Baltique

⑭ *Caspian Sea*
la mer Caspienne

⑮ *Black Sea*
la mer Noire

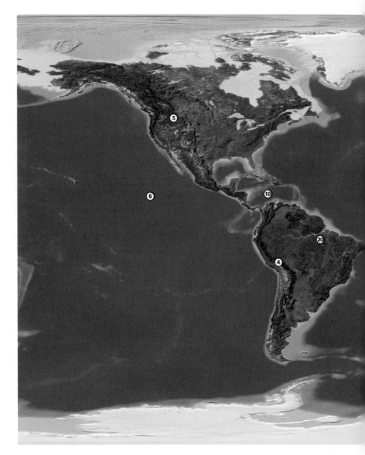

⑯ *English Channel*
la Manche

⑰ *Red Sea*
la mer Rouge

⑱ *Antarctic Ocean*
l'océan Antarctique

② *Himalayas*
l'Himalaya

③ *Alps*
les Alpes

④ *Andes*
les Andes

⑤ *Rocky Mountains*
les (Montagnes)
Rocheuses

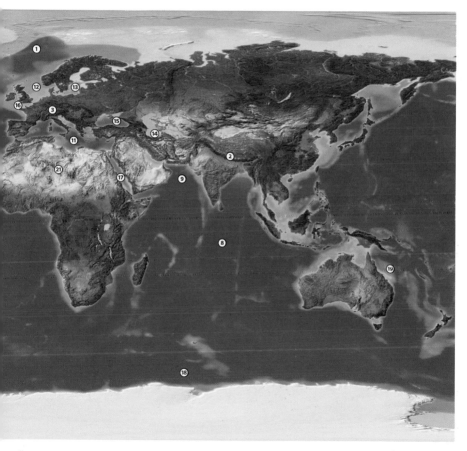

⑲ *Great Barrier Reef*
la Grande Barrière de Corail

⑳ *Amazon Basin*
l'Amazonie

㉑ *Sahara*
le Sahara

WORLD MAP – **LA CARTE DU MONDE**

Northern hemisphere
l'hémisphère boréal

the Arctic
l'Arctique

Tropic of Cancer
le tropique du Cancer

Western hemisphere
l'hémisphère occidental

Eastern hemisphere
l'hémisphère oriental

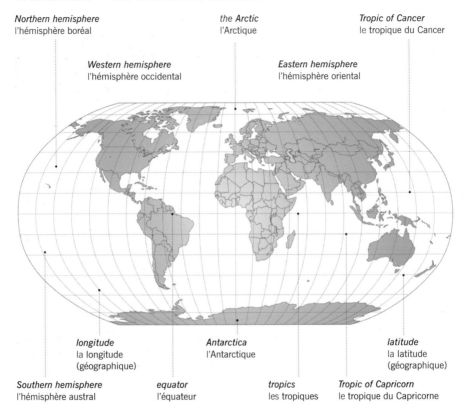

longitude
la longitude
(géographique)

Antarctica
l'Antarctique

latitude
la latitude
(géographique)

Southern hemisphere
l'hémisphère austral

equator
l'équateur

tropics
les tropiques

Tropic of Capricorn
le tropique du Capricorne

Arctic Circle	le cercle polaire arctique		*republic*	la république
Antarctic Circle	le cercle polaire antarctique		*colony*	la colonie
country	le pays		*province*	la province
state	l'État		*zone*	la zone
nation	la nation		*region*	la région
territory	le territoire		*capital*	la capitale
principality	la principauté			
kingdom	le royaume			

U.N. MEMBER STATES – ÉTATS MEMBRES DES NATIONS UNIES

Europe – L'Europe

Albania
l'Albanie

Andorra
Andorre

Belgium
la Belgique

Bosnia-Herzegovina
la Bosnie-Herzégovine

Bulgaria
la Bulgarie

Denmark
le Danemark

Germany
l'Allemagne

**Former Yugoslav republic
of Macedonia**
l'ancienne République
yougoslave de Macédoine

Estonia
l'Estonie

Finland
la Finlande

France
la France

Greece
la Grèce

Ireland
l'Irlande

Iceland
l'Islande

Italy
l'Italie

Croatia
la Croatie

U.N. MEMBER STATES – ÉTATS MEMBRES DES NATIONS UNIES

Europe – L'Europe

Latvia
la Lettonie

Liechtenstein
le Liechtenstein

Lithuania
la Lituanie

Luxembourg
le Luxembourg

Malta
Malte

Moldova
la Moldavie

Monaco
Monaco

Montenegro
le Monténégro

the *Netherlands*
les Pays-Bas

Norway
la Norvège

Austria
l'Autriche

Poland
la Pologne

Portugal
le Portugal

Romania
la Roumanie

Russia
la Russie

San Marino
Saint-Marin

U.N. MEMBER STATES – ÉTATS MEMBRES DES NATIONS UNIES

Europe – L'Europe

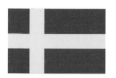

Sweden
la Suède

Switzerland
la Suisse

Serbia
la Serbie

Slovakia
la Slovaquie

Slovenia
la Slovénie

Spain
l'Espagne

the Czech Republic
la République tchèque

Turkey
la Turquie

the Ukraine
l'Ukraine

Hungary
la Hongrie

the United Kingdom
le Royaume-Uni

Belarus
la Russie Blanche

Cyprus
Chypre

U.N. MEMBER STATES – ÉTATS MEMBRES DES NATIONS UNIES
North and Central America – L'Amérique du Nord et l'Amérique Centrale

Antigua and Barbuda
Antigua-et-Barbuda

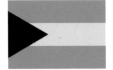

the Bahamas
les Bahamas

Barbados
la Barbade

Belize
le Bélize

Costa Rica
le Costa Rica

Dominica
la Dominique

the Dominican Republic
la République
Dominicaine

El Salvador
le Salvador

Grenada
Grenade

Guatemala
le Guatemala

Haiti
Haïti

Honduras
le Honduras

Jamaica
la Jamaïque

Canada
le Canada

Cuba
Cuba

Mexico
le Mexique

U.N. MEMBER STATES – ÉTATS MEMBRES DES NATIONS UNIES

North and Central America – L'Amérique du Nord et l'Amérique Centrale

Nicaragua
Nicaragua

Panama
le Panama

St. Kitts & Nevis
Saint-Kitts-et-Nevis

St. Lucia
Sainte Lucie

St. Vincent and the Grenadines
Saint Vincent-et-les-Grenadines

Trinidad and Tobago
Trinité-et-Tobago

the United States
les États-Unis

South America – L'Amérique du Sud

Argentina
l'Argentine

Bolivia
la Bolivie

Brazil
le Brésil

Chile
le Chili

Ecuador
l'Équateur

Guyana
le Guyana

Colombia
la Colombie

Paraguay
le Paraguay

U.N. MEMBER STATES – ÉTATS MEMBRES DES NATIONS UNIES

South America – L'Amérique du Sud

Peru
le Pérou

Suriname
le Suriname

Uruguay
l'Uruguay

Venezuela
le Venezuela

Africa – L'Afrique

Egypt
l'Égypte

Algeria
l'Algérie

Angola
l'Angola

Equatorial Guinea
la Guinée Équatoriale

Ethiopia
l'Éthiopie

Benin
le Bénin

Botswana
le Botswana

Burkina Faso
le Burkina Faso

Burundi
le Burundi

the **Democratic Republic
of the Congo**
la République
Démocratique du Congo

Djibouti
Djibouti

the **Ivory Coast**
la Côte d'Ivoire

U.N. MEMBER STATES – ÉTATS MEMBRES DES NATIONS UNIES

Africa – L'Afrique

Eritrea
l'Érythrée

Gabon
le Gabon

Gambia
la Gambie

Ghana
le Ghana

Guinea
la Guinée

Guinea-Bissau
la Guinée-Bissau

Cameroon
le Cameroun

Cape Verde
le Cap-Vert

Kenya
le Kenya

the Comoros
les Comores

Lesotho
le Lesotho

Liberia
le Libéria

Libya
la Libye

Madagascar
Madagascar

Malawi
le Malawi

Mali
le Mali

U.N. MEMBER STATES – ÉTATS MEMBRES DES NATIONS UNIES

Africa – L'Afrique

Mauritania
la Mauritanie

Mauritius
la Maurice

Morocco
le Maroc

Mozambique
le Mozambique

Namibia
la Namibie

Niger
le Niger

Nigeria
le Nigeria

the *Republic of the Congo*
la République du Congo

Rwanda
le Rwanda

Zambia
la Zambie

Sao Tome and Principe
São Tomé et Príncipe

Senegal
le Sénégal

the *Seychelles*
les Seychelles

Sierra Leone
la Sierra Leone

Zimbabwe
le Zimbabwe

Somalia
la Somalie

U.N. MEMBER STATES – ÉTATS MEMBRES DES NATIONS UNIES

Africa – L'Afrique

South Africa
l'Afrique du Sud

Sudan
le Soudan

the **Republic of South Sudan**
la République du Soudan du Sud

Swaziland
le Swaziland

Tanzania
la Tanzanie

Togo
le Togo

Chad
le Tchad

Tunisia
la Tunisie

Uganda
l'Ouganda

the **Central African Republic**
la République Centrafricaine

Asia – L'Asie

Afghanistan
l'Afghanistan

Armenia
l'Arménie

Azerbaijan
l'Azerbaïdjan

Bahrain
le Bahreïn

U.N. MEMBER STATES – ÉTATS MEMBRES DES NATIONS UNIES

Asia – L'Asie

Bangladesh
le Bangladesh

Bhutan
le Bhoutan

Brunei
le Brunei

China
la Chine

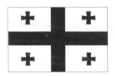

Georgia
la Géorgie

India
l'Inde

Indonesia
l'Indonésie

Iraq
l'Irak

Iran
l'Iran

Israel
Israël

Japan
le Japon

Yemen
le Yemen

Jordan
la Jordanie

Cambodia
le Cambodge

Kazakhstan
le Kazakhstan

Kyrgyzstan
le Kirghizistan

U.N. MEMBER STATES – ÉTATS MEMBRES DES NATIONS UNIES

Asia – L'Asie

Kuwait
le Koweït

Laos
le Laos

Lebanon
le Liban

Qatar
le Qatar

Malaysia
la Malaisie

the Maldives
les Maldives

Mongolia
la Mongolie

Myanmar
le Myanmar

Nepal
le Népal

North Korea
la Corée du Nord

Oman
Oman

East Timor
Timor oriental

Pakistan
le Pakistan

Saudi Arabia
l'Arabie saoudite

Singapore
Singapour

Sri Lanka
le Sri Lanka

U.N. MEMBER STATES – ÉTATS MEMBRES DES NATIONS UNIES

Asia – L'Asie

South Korea
la Corée du Sud

Syria
la Syrie

Tajikistan
le Tadjikistan

Thailand
la Thaïlande

Turkmenistan
le Turkménistan

Uzbekistan
l'Ouzbékistan

United Arab Emirates
les Émirats arabes unis

Vietnam
le Viêt-nam

Oceania – L'Océanie

Australia
l'Australie

Fiji
les Fidji

Kiribati
Kiribati

Marshall Islands
les Îles Marshall

**Federated States of
Micronesia**
les États fédérés de
Micronésie

Nauru
Nauru

New Zealand
la Nouvelle-Zélande

Palau
les Palaos

U.N. MEMBER STATES – ÉTATS MEMBRES DES NATIONS UNIES

Oceania – Oceania

Papua New Guinea
la Papouasie-Nouvelle-
Guinée

the Philippines
les Philippines

the Solomon Islands
les Îles Salomon

Samoa
les Samoa

Tonga
les Tonga

Tuvalu
le Tuvalu

Vanuatu
le Vanuatu

the European Union (EU)
l'Union européenne (UE)

the United Nations (U.N.)
les Nations unies (NU)

*North Atlantic Treaty
Organization (NATO)*
l'Organisation du Traité
de l'Atlantique Nord (OTAN)

*International
Organizations* –
Organisations
internationales

the African Union
l'Union africaine

the Arab League
la Ligue arabe

UNESCO
l'UNESCO

the Commonwealth
le Commonwealth

THE WEATHER –
LE TEMPS

sunny
ensoleillé

cloudy
nuageux

foggy
brumeux

windy
venteux

hot
trés chaud

warm
chaud

cold
froid

overcast
couvert

icy
glacial

snowy
neigeux

rainy
pluvieux

stormy
orageux

humid
humide

temperature	la température
degree	le degré
Celsius	Celsius
Fahrenheit	Fahrenheit
weather forecast	les prévisions météorologiques
What's the weather like?	Quel temps fait-il?
It's nice/wet/cold and damp.	Il fait beau./Il pleut./Il fait froid et humide.
It's raining/snowing.	Il pleut/neige.

THE WEATHER –
LE TEMPS

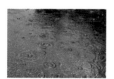

rain
la pluie

rainbow
l'arc-en-ciel

sunshine
le soleil

wind
le vent

thunderstorm
l'orage

thunder
le tonnerre

lightning
l'éclair

hail
la grêle

hoarfrost
le givre

snow
la neige

frost
le gel

ice
la glace

breeze	la brise
wind speed	la vitesse du vent
pollen count	le taux de pollen
UV rays	les rayons ultra-violets
ozone	l'ozone
ozone layer	la couche d'ozone
stratosphere	la stratosphère
troposphere	la troposphère

smog
le smog

THE WEATHER – **LE TEMPS**

Natural disasters – Catastrophes naturelles

drought
la sécheresse

hurricane
l'ouragan

tornado
la tornade

monsoon
la mousson

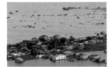

flood
l'inondation

earthquake
le tremblement de terre

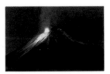

volcanic eruption
l'éruption volcanique

tsunami
le tsunami

landslide
le glissement de terrain

forest fire
l'incendie de forêt

heat wave
la vague de chaleur

storm
la tempête

avalanche
l'avalanche

snowstorm
la tempête de neige

tropical storm
la tempête tropicale

pandemic
la pandémie

THE LANDSCAPE –
LE PAYSAGE

river
le fleuve

mountain	peak	mountain range	forest
la montagne	le sommet	la chaîne de	la forêt
		montagnes	

| mountain slope | lake | rock | valley |
| le versant | le lac | le rocher | la vallée |

estuary
l'embouchure du fleuve

glacier
le glacier

waterfall
la cascade

| cave | cliff | coast | waterfall |
| la grotte | la falaise | la côte | la cascade |

THE LANDSCAPE –
LE PAYSAGE

plateau
le plateau

hill
la colline

plain
la plaine

gorge
la gorge

desert
le désert

meadow
la prairie

wetland
les terres marécageuses

moor
la lande

grassland
la prairie

geyser
le geyser

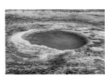

thermal spring
la source thermale

volcano
le volcan

bay
la baie

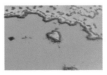

coral reef
le récif de corail

island
l'île

mountain stream
le torrent

ROCKS AND MINERALS – ROCHES ET MINÉRAUX

iron ore
le minerai de fer

sandstone
le grès

asphalt
le bitume

granite
le granite

limestone
le calcaire

chalk
la craie

coal
le charbon

slate
l'ardoise

marble
le marbre

sulphur
le soufre

graphite
le graphite

gold
l'or

silver
l'argent

copper
le cuivre

mercury
le mercure

bauxite
la bauxite

ROCKS AND MINERALS – **ROCHES ET MINÉRAUX**

Precious and semi-precious stones – Pierres précieuses et semi-précieuses

ruby
le rubis

aquamarine
l'aigue-marine

jade
le jade

emerald
l'émeraude

sapphire
le saphir

amethyst
l'améthyste

quartz
le quartz

diamond
le diamant

tourmaline
la tourmaline

topaz
la topaze

garnet
le grenat

tiger's eye
l'œil-de-tigre

opal
l'opale

amber
l'ambre

turquoise
la turquoise

rose quartz
le quartz rose

onyx
l'onyx

pearl
la perle

lapis lazuli
le lapis lazuli

citrine
la citrine

PLANTS – PLANTES

Trees – Arbres

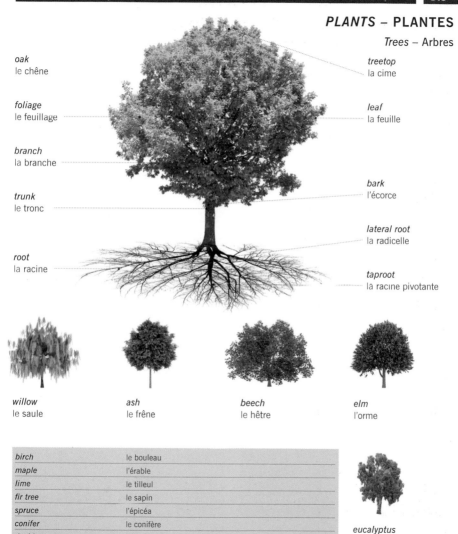

oak
le chêne

treetop
la cime

foliage
le feuillage

leaf
la feuille

branch
la branche

trunk
le tronc

bark
l'écorce

lateral root
la radicelle

root
la racine

taproot
la racine pivotante

willow
le saule

ash
le frêne

beech
le hêtre

elm
l'orme

birch	le bouleau
maple	l'érable
lime	le tilleul
fir tree	le sapin
spruce	l'épicéa
conifer	le conifère
deciduous tree	l'arbre feuillu
evergreen tree	l'arbre à feuilles persistantes

eucalyptus
l'eucalyptus

PLANTS – PLANTES

Wild flowers – Plantes sauvages

lichen
le lichen

moss
la mousse

thistle
le chardon

mushroom
le champignon

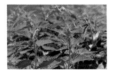

stinging nettle
l'ortie

foxglove
la digitale

hogweed
la berce

dandelion
le pissenlit

daisy
la pâquerette

heather
la bruyère

bluebell
la jacinthe des bois

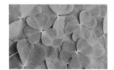

clover
le trèfle

camomile
la camomille

lily of the valley
le muguet

dandelion blowball
l'aigrette de pissenlit

buttercup
le bouton d'or

PLANTS – **PLANTES**

Ornamental flowers – Plantes ornamentales

rose
la rose

petal
le pétale

flower
la fleur

stalk
la tige

stem
la tige

bud
le bouton floral

thorn
l'épine

leaf
la feuille

snowdrop
le perce-neige

crocus
le crocus

water lily
le nénuphar

lavender
la lavande

lilac	le lilas
rhododendron	le rhododendron
to *flower*	fleurir
to *be scented*	sentir bon
to *wilt*	se faner
to *sprout*	germer
spring flower	la fleur printanière
nocturnal plant	la fleur nocturne

petunia
le pétunia

PLANTS – **PLANTES**

Ornamental flowers – Plantes ornamentales

carnation
l'œillet

primrose
la primevère

gerbera
le gerbera

tulip
la tulipe

daffodil
la jonquille

iris
l'iris

chrysanthemum
le chrysanthème

hyacinth
la jacinthe

marigold
le souci

pansy
la pensée

orchid
l'orchidée

rose bush
le rosier

lily
le lys

sunflower
le tournesol

geranium
le géranium

hydrangea
l'hortensia

PLANTS – PLANTES
Garden plants – Plantes de jardin

ivy
le lierre

fruit tree
l'arbre fruitier

blossom
la fleur

shoot
la pousse

topiary
la topiaire

weed
la mauvaise herbe

to flower
fleurir

to wilt
se faner

palm tree
le palmier

lawn
le gazon

wildflower meadow
le pré fleuri

poppy
le coquelicot

climber
la plante grimpante

annual
annuel

biennial
bisannuel

perennial
vivace

ANIMALS – ANIMAUX
Mammals – Mammifères

rat
le rat

mole
la taupe

cat
le chat

dog
le chien

rabbit
le lapin

guinea pig
le cochon d'Inde

mouse
la souris

hamster
le hamster

bat
la chauve-souris

squirrel
l'écureuil

hedgehog
le hérisson

ferret
le furet

to give paw
donner la patte

whiskers	les moustaches
fur	le pelage
mouth	la gueule
tail	la queue
horn	la corne
claw	la griffe
paw	la patte
hoof	le sabot

ANIMALS – ANIMAUX
Mammals – Mammifères

cheetah
le guépard

puma
le puma

wolf
le loup

raccoon
le raton laveur

skunk
la moufette

meerkat
le suricate

leopard
le léopard

badger
le blaireau

fox
le renard

jaguar
le jaguar

lion
le lion

tiger
le tigre

bear
l'ours

polar bear
l'ours polaire

koala
le koala

panda
le panda

ANIMALS – ANIMAUX
Mammals – Mammifères

pig
le porc

goat
la chèvre

horse
le cheval

giraffe
la girafe

sheep
le mouton

llama
le lama

donkey
l'âne

deer
le cerf

reindeer
le renne

camel
le dromadaire

cow
la vache

bull
le taureau

hippopotamus
l'hippopotame

rhinoceros
le rhinocéros

elephant
l'éléphant

zebra
le zèbre

ANIMALS – ANIMAUX

Mammals – Mammifères

walrus
le morse

sea lion
l'otarie

seal
le phoque

dolphin
le dauphin

killer whale
l'orque

otter
la loutre

river rat
le ragondin

gorilla
le gorille

orangutan
l'orang-outan(g)

gibbon
le gibbon

baboon
le babouin

chimpanzee
le chimpanzé

sloth
le paresseux

anteater
le fourmilier

kangaroo
le kangourou

cub
le petit

ANIMALS – ANIMAUX

Birds – Oiseaux

woodpecker
le pic

sparrow
le moineau

hummingbird
le colibri

toucan
le toucan

robin
le rouge-gorge

swallow
l'hirondelle

hawk
le faucon

pigeon
le pigeon

raven
le corbeau

crow
la corneille

finch
le pinson

seagull
la mouette

canary
le canari

bill	le bec
chick	l'oisillon
wing	l'aile
claw	la griffe
feather	la plume
plumage	le plumage
to *chirp*	gazouiller
to *flutter*	voleter

ANIMALS – ANIMAUX
Birds – Oiseaux

stork
la cigogne

flamingo
le flamant

ostrich
l'autruche

eagle
l'aigle

penguin
le manchot

cockatoo
le cacatoès

parrot
le perroquet

owl
la chouettc

turkey
le dindon

swan
le cygne

goose
l'oie

duck
le canard

rooster
le coq

chicken
le poulet

quail
la caille

peacock
le paon

ANIMALS – ANIMAUX
Reptiles and Amphibians – Reptiles et amphibiens

snake
le serpent

crocodile
le crocodile

alligator
l'alligator

lizard
le lézard

chameleon
le caméléon

iguana
l'iguane

tortoise
la tortue

sea turtle
la tortue de mer

frog
la grenouille

toad
le crapaud

tadpole
le têtard

salamander
la salamandre

gecko
le gecko

shell	la carapace
scales	les écailles
venom	le venin
venomous fang	le crochet (à venin)
cold-blooded animal	l'animal à sang froid
to slither	ramper
to hiss	siffler
to croak	coasser

ANIMALS – ANIMAUX
Fish – Poissons

blowfish
le poisson globe

garfish
l'orphie

piranha
le piranha

flying fish
le poisson volant

sailfish
le voilier

stingray
la raie

great white shark
le grand requin blanc

tiger shark
le requin tigre

goldfish
le poisson rouge

koi
la carpe koï

eel
l'anguille

catfish
le poisson-chat

school of fish	le banc de poissons
fin	la nageoire
gills	les branchies
deep-sea animal	l'animal abyssal
roe	les œufs de poisson
freshwater fish	le poisson d'eau douce
seafish	le poisson de mer
aquarium	l'aquarium

sea horse
l'hippocampe

ANIMALS – ANIMAUX

Insects and spiders – Insectes et araignées

butterfly
le papillon

caterpillar
la chenille

chrysalis
la chrysalide

moth
le papillon de nuit

bee
l'abeille

bumblebee
le bourdon

wasp
la guêpe

hornet
le frelon

fly
la mouche

mosquito
le moustique

cicada
la cigale

May bug
le hanneton

dragonfly
la libellule

praying mantis
la mante religieuse

grasshopper
la sauterelle

cricket
le grillon

ANIMALS – **ANIMAUX**

Insects and spiders – Insectes et araignées

cobweb
la toile d'araignée

spider
l'araignée

flea
la puce

woodlouse
le cloporte

stink bug
la punaise

ladybug
la coccinelle

cockroach
le cafard

water strider
le gerris

centipede
le mille-pattes

slug
la limace

snail
l'escargot

worm
le ver

termite
le termite

ant
la fourmi

tick
la tique

scorpion
le scorpion

NUMBERS AND MEASUREMENTS

NOMBRES ET MESURES

NUMBERS – LES NOMBRES

Cardinal numbers – Les nombres cardinaux

zero
zéro

one
un

two
deux

three
trois

four
quatre

five
cinq

six
six

seven
sept

eight
huit

nine
neuf

ten
dix

eleven	onze
twelve	douze
thirteen	treize
fourteen	quatorze
fifteen	quinze
sixteen	seize
seventeen	dix-sept
eighteen	dix-huit
nineteen	dix-neuf
twenty	vingt
twenty-one	vingt et un
twenty-two	vingt-deux
twenty-three	vingt-trois
thirty	trente
forty	quarante
fifty	cinquante
sixty	soixante
seventy	soixante-dix
eighty	quatre-vingts
ninety	quatre-vingt-dix
a hundred	cent

NUMBERS –
LES NOMBRES

two hundred and twenty-two	deux cent vingt-deux
a thousand	mille
ten thousand	dix mille
twenty thousand	vingt mille
fifty thousand	cinquante mille
fifty-five thousand	cinquante-cinq mille
a hundred thousand	cent mille
a million	un million
a billion	un milliard
a trillion	un billion

Ordinal numbers – Les nombres ordinaux

first	premier (-ière)
second	deuxième
third	troisième
fourth	quatrième
fifth	cinquième
sixth	sixième
seventh	septième
eighth	huitième
ninth	neuvième
tenth	dixième
eleventh	onzième
twelfth	douzième
thirteenth	treizième
fourteenth	quatorzième
fifteenth	quinzième
sixteenth	seizième
seventeenth	dix-septième
eighteenth	dix-huitième
nineteenth	dix-neuvième
twentieth	vingtième
twenty-first	vingt et unième
twenty-second	vingt-deuxième

NUMBERS –
LES NOMBRES

thirtieth	trentième
fortieth	quarantième
fiftieth	cinquantième
sixtieth	soixantième
seventieth	soixante-dixième
eightieth	quatre-vingtième
ninetieth	quatre-vingt-dixième
one hundredth	centième
two hundredth	deux(-)centième
two hundred and twenty-fifth	deux cent vingt-cinquième
three hundredth	trois(-)centième
one thousandth	millième
ten thousandth	dix(-)millième
millionth	millionième
ten millionth	dix(-)millionième
penultimate	avant-dernier/avant-dernière
last	dernier/dernière

Fractions – Les nombres fractionnaires

a half	un demi/une demie
a third	un tiers
a quarter	un quart
a fifth	un cinquième
an eighth	un huitième
three quarters	trois quarts
two fifths	deux cinquièmes
seven and a half	sept et demi
two seventeenths	deux dix-septièmes
five and three eighths	cinq et trois huitièmes

NUMBERS – LES NOMBRES
Numeric expressions – Les expressions numériques

one time	une fois	*a pair*	une paire
two times	deux fois	*half a dozen*	une demi-douzaine
three times	trois fois	*a dozen*	une douzaine
four times	quatre fois	*the majority*	la plupart
repeatedly	à plusieurs reprises	*a few*	quelques
sometimes	quelquefois	*few*	peu de
never	jamais	*some*	quelques
once	simple	*quite a lot*	beaucoup de
double/twice	double	*some*	certains/es
threefold	triple	*many*	maints/maintes
quadruple	quadruple	*both*	les deux
fivefold	quintuple	*all*	tous/toutes
sixfold	sextuple	*total*	total/totale
numerous	nombreux	*every*	chaque

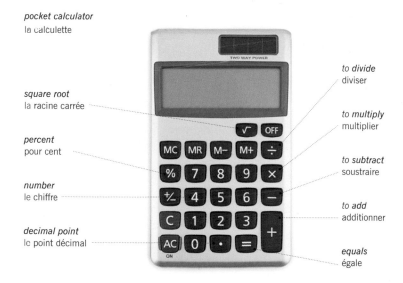

pocket calculator
la calculette

square root
la racine carrée

percent
pour cent

number
le chiffre

decimal point
le point décimal

to divide
diviser

to multiply
multiplier

to subtract
soustraire

to add
additionner

equals
égale

TIME – LE TEMPS

The time of day – L'heure

one a.m.
une heure

two a.m.
deux heures

three a.m.
trois heures

four a.m.
quatre heures

five a.m.
cinq heures

six a.m.
six heures

seven a.m.
sept heures

eight a.m.
huit heures

nine a.m.
neuf heures

ten a.m.
dix heures

eleven a.m.
onze heures

twelve noon
midi

one p.m.
treize heures

hour	l'heure
minute	la minute
half an hour	une demi-heure
second	la seconde
What time is it, please?	Quelle heure est-il, s'il vous plaît?
It's two o'clock.	Il est deux heures.
At what time?	À quelle heure?
At seven o'clock.	À sept heures.

TIME – LE TEMPS
The time of day – L'heure

two p.m.
quatorze heures

three p.m.
quinze heures

four p.m.
seize heures

five p.m.
dix-sept heures

six p.m.
dix-huit heures

seven p.m.
dix-neuf heures

eight p.m.
vingt heures

nine p.m.
vingt et une heures

ten p.m.
vingt-deux heures

eleven p.m.
vingt-trois heures

midnight
minuit

five past twelve
midi cinq

half past ten	dix heures et demie
twenty to seven	sept heures moins vingt
quarter to twelve	midi moins le quart
When?	Quand?
Ten minutes ago./In ten minutes.	Il y a/dans dix minutes.
Around noon.	Vers midi.
Since when?	Depuis quand?
Since yesterday.	Depuis hier.

quarter past nine
neuf heures et quart

TIME – **LE TEMPS**

Day and night – Jour et nuit

midnight
(la) minuit

dawn
l'aube

sunrise
le lever du soleil

morning
le matin

midday
(le) midi

afternoon
l'après-midi

sunset
le coucher du soleil

dusk
le crépuscule

evening
le soir

spring
le printemps

summer
l'été

autumn
l'automne

winter
l'hiver

today	aujourd'hui
tomorrow	demain
the day after tomorrow	après-demain
yesterday	hier
the day before yesterday	avant-hier
What's today's date?	Quelle est la date, aujourd'hui?
September 9, 2014.	le 9 septembre 2014
public holiday	le jour férié

TIME – LE TEMPS

The calendar – Le calendrier

Sunday
(le) dimanche

Tuesday
(le) mardi

Thursday
(le) jeudi

month
le mois

Monday
(le) lundi

Wednesday
(le) mercredi

Friday
(le) vendredi

Saturday
(le) samedi

weekday
le jour de semaine

week
la semaine

day
le jour

weekend
le week-end

date
la date

year
l'année

January	janvier	*July*	juillet
February	février	*August*	août
March	mars	*September*	septembre
April	avril	*October*	octobre
May	mai	*November*	novembre
June	juin	*December*	décembre

MEASUREMENTS – MESURES

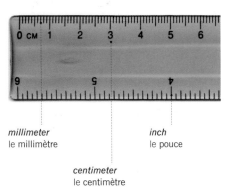

millimeter
le millimètre

inch
le pouce

centimeter
le centimètre

liter
le litre

milliliter
le millilitre

ounce
l'once

pint
la pinte

kilometer
le kilomètre

mile
le mille

yard
le yard

acre
l'acre

cubic meter
le mètre cube

foot	le pied
meter	le mètre
square meter	le mètre carré
square foot	le pied carré
square inch	le pouce carré
cup	la tasse
tablespoon	la cuillère à soupe
teaspoon	la cuillère à café

WEIGHT –
LE POIDS

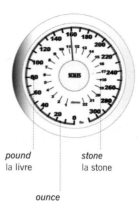

ton
la tonne

kilogram
le kilogramme

gram
le gramme

pound
la livre

ounce
l'once

stone
la stone

CURRENCY –
LA DEVISE

dollar
le dollar

pound
la livre

euro
l'euro

yen
le yen

baht	le baht	*rand*	le rand
rupee	la roupie	*peso*	le peso
dinar	le dinar	*real*	le réal
franc	le franc	*yuan*	le yuan
Swiss franc	le franc suisse	*lira*	la lire
krone	la couronne	*ruble*	le rouble

ENGLISH INDEX –
INDEX ANGLAIS

FRENCH INDEX –
INDEX FRANÇAIS

ENGLISH INDEX – INDEX ANGLAIS

FRENCH INDEX – INDEX FRANÇAIS

PHOTO CREDITS

* – © Fotolia.com

16 */Alexander Raths, 16 */Jeanette Dietl, 16 */Forgiss, 16 */paulmz, 16 */fotodesign-jegg.de, 16 */mimagephotos, 16 */Syda Productions, 16 */iko, 16 */Jeanette Dietl, 16 */drubig-photo, 16 */oocoskun, 17 */damato, 17 */vbaleha, 17 */Rido, 17 */Ljupco Smokovski, 17 */Jeanette Dietl, 17 */Janina Dierks, 17 */Valua Vitaly, 17 */Rido, 17 */Andres Rodriguez, 17 */Syda Productions, 17 */Valua Vitaly, 18 */Dmitry Lobanov, 18 */Samuel Borges, 18 */DenisNata, 18 */Pavel Losevsky, 18 */Gabriel Blaj, 18 */WONG SZE FEI, 18 */ vgstudio, 18 */Picture-Factory, 18 */Ariwasabi, 19 */endostock, 19 */mma23, 19 */Jasmin Merdan, 19 */Tom Wang, 19 */Michael Gray, 19 */JanMika, 19 */BeTa-Artworks, 19 */michaeljung, 19 */Savannah1969, 19 */patpitchaya, 19 */Sabphoto, 19 */Cello Armstrong, 19 */eyetronic, 20 */Danilo Rizzuti, 20 */Ruth Black, 20 */Smileus, 20 */chesterF, 20 iStockphoto/Catherine Yeulet, 20 */DenisNata, 20 */Melinda Nagy, 20 */Kaarsten, 20 */MISHELA, 20 */Eray, 20 */Unclesam, 20 */satin_111, 20 */Michael Fritzen, 21 */ yanlev, 21 */BeTa-Artworks, 21 */Margit Power, 21 */Brenda Carson, 21 */Africa Studio, 21 */Piotr Marcinski, 21 */Fotowerk, 21 */ AVRORA, 21 */stockyimages, 21 */Tyler Olson, 21 */ExQuisine, 21 */Glenda Powers, 21 Thinkstock/iStockphoto, 22 */Valua Vitaly, 22 */codiarts, 23 */Jaimie Duplass, 23 */krimar, 23 */magann, 23 */Stefan Balk, 23 */Kaponia Aliaksei, 23 */koji6aca, 23 */yuriyzhuravov, 23 */yuriyzhuravov, 23 */Ermolaev Alexandr, 23 */V.R.Murralinath, 23 */badmanproduction, 23 */Anton Zabielskyi, 23 */auremar, 23 */ koji6aca, 24 */mimagephotos, 24 */Tiler84, 24 */velazquez, 24 */giorgiomtb, 24 */apops, 24 */dusk, 24 */Knut Wiarda, 24 */stokkete, 24 */Taiga, 24 */Taiga, 24 */Taiga, 24 */Taiga, 25 */Karramba Production, 25 */Robert Kneschke, 25 */cantor pannatto, 25 */Garrincha, 25 */Picture-Factory, 25 */bevangoldswain, 25 */WavebreakMediaMicro, 25 */Rido, 25 */Minerva Studio, 25 */cantor pannatto, 25 */Fotowerk, 25 */Fotowerk, 26 */Gelpi, 26 */stockyimages, 26 */WavebreakmediaMicro, 26 */pathdoc, 26 */Ilike, 26 */pathdoc, 26 */ Andres Rodriguez, 26 */Garrincha, 26 */cantor pannatto, 26 */pressmaster, 26 */vladimirfloyd, 26 */Elnur, 26 */Klaus Eppele, 27 */ boumenjapet, 27 */Vera Anistratenko, 27 */carol_anne, 27 */Andrey Armyagov, 27 Thinkstock/NikolayK, 27 */srdjan111, 27 */Zbyszek Nowak, 27 */Pamela Uyttendaele, 27 */Michaela Pucher, 27 */Katrina Brown, 28 */ghoststone, 28 */nito, 28 */zhekos, 28 */chiyacat, 28 */Alexandra Karamyshev, 28 */BEAUTYofLIFE, 28 */Lucky Dragon, 28 */Karramba Production, 29 */BEAUTYofLIFE, 29 */Khvost, 29 */Khvost, 29 */Elnur, 29 */Popova Olga, 29 */Artem Gorohov, 29 */Elnur, 29 */Ruslan Kudrin, 29 */Gordana Sermek, 29 */Alexandra Karamyshev, 30 */alaterphotog, 30 */Elnur, 30 */Elnur, 30 */Ruslan Kudrin, 30 */Alexandra Karamyshev, 30 */Alexandra Karamyshev, 30 */Oliver Preißner, 30 */Robert Lehmann, 30 */Alexandra Karamyshev, 31 */mimagephotos, 31 */Alexandra Karamyshev, 31 */ Alexandra Karamyshev, 31 */ludmilafoto, 31 */okinawakasawa, 31 Thinkstock/Alexandru Chiriac, 31 */cedrov, 31 */Khvost, 31 */ hifashion, 31 */Alexandra Karamyshev, 31 */Alexandra Karamyshev, 32 */Little_wine_fly, 32 */Jiri Hera, 32 */rangizzz, 32 */Jiri Hera, 32 */Andrew Buckin, 32 Thinkstock/Danny Chan, 32 */Artem Merzlenko, 32 */Cobalt, 32 */fotomatrix, 32 */Rozaliya, 32 */adisa, 32 */ Kira Nova, 32 */Shariff Che'Lah, 32 */venusangel, 32 */Unclesam, 32 */srki66, 33 */adisa, 33 */adisa, 33 */lalouetto, 33 */PRILL Mediendesign, 33 */Africa Studio, 33 */adisa, 33 */Andrey Bandurenko, 33 */Nadinelle, 33 */design56, 33 */Sergey Rusakov, 33 */Jiri Hera, 33 */gemenacom, 33 */Andre Plath, 33 */Alexander Raths, 33 */Liaurinko, 33 */thaikrit, 33 */humbak, 34 */wiedzma, 34 */ kontur-vid, 34 */Tharakorn, 34 */picsfive, 34 */pattarastock, 34 */NilsZ, 34 */picsfive, 34 */picsfive, 34 */ksena32, 34 */cristi180884, 34 */bpstocks, 34 */nito, 34 */Tarzhanova, 34 */bpstocks, 34 */terex, 34 */ibphoto, 35 */Gennadiy Poznyakov, 38 */JSB, 38 */ stocker1970, 38 */photo 5000, 38 */Tiberius Gracchus, 38 */Ralf Gosch, 38 */visivasnc, 38 */Lasse Kristensen, 38 */Speedfighter, 38 */Bokicbo, 38 */typomaniac, 38 */O.M., 38 */designsstock, 38 */Tatty, 39 */Kurhan, 39 */selensergen, 39 */Brilliant Eagle, 39 */Iriana Shiyan, 39 */terex, 39 */Sashkin, 39 */bcdesign, 39 */pyzata, 39 */Thomas Aumann, 39 */Tiberius Gracchus, 39 */Igor Kovalchuk, 39 */Maksym Yemelyanov, 39 */pabijan, 40 */Magda Fischer, 41 */Kasia Bialasiewicz, 41 */bennnn, 41 */Bert Folsom, 41 */Aleksandar Jocic, 41 */yevgenromanenko, 41 */Aleksandr Ugorenkov, 42 */Iriana Shiyan, 42 */luchshen, 42 */sokrub, 42 */sokrub, 42 */okinawakasawa, 43 */pics721, 43 */Delphimages, 43 */arteferretto, 43 */Kitch Bain, 43 */Chris Brignell, 44 */stock_for_free, 44 */kornienko, 45 */mrgarry, 45 */mariocigic, 45 Thinkstock/Hemera, 45 */Alexander Morozov, 45 */Denis Gladkiy, 45 */Sergii Moscaliuk, 45 */sutsaiy, 45 */sutsaiy, 45 */okinawakasawa, 45 */Alexander Morozov, 45 */venusangel, 45 */bergamont, 45 */Alexander Morozov, 45 */sutsaiy, 45 */manipulateur, 45 */kmiragaya, 46 */fotyma, 46 */Denisa V, 46 */jonnysek, 46 */Kitch Bain, 46 */pholien, 46 */Alona Dudaieva, 46 */M.R. Swadzba, 46 Thinkstock/iStockphoto, 46 */bennyartist, 46 */Nikola Bilic, 46 */cretolamna, 46 */Igor Syrbu, 46 */Piotr Pawinski, 47 */cretolamna, 47 */Harald Biebel, 47 */gavran333, 47 */M.R. Swadzba, 47 */IrisArt, 47 */Diana Taliun, 47 */cretolamna, 47 */M S, 47 */nito, 47 */Bombaert Patrick, 47 */scol22, 47 */cretolamna, 47 */picsfive, 48 */Sunshine Pics, 48 */VRD, 48 */petrsalinger, 48 */cretolamna, 48 */gavran333, 48 */Uwe Landgraf, 48 */nito, 48 */Schwoab, 48 */cretolamna, 48 */Stefan Balk, 48 */ karandaev, 48 */Lucky Dragon, 48 */PhotoSG, 49 */2mmedia, 50 */Andres Rodriguez, 50 */simmittorok, 50 */Liliia Rudchenko, 50 */ venusangel, 50 */Ljupco Smokovski, 50 */Maksim Kostenko, 50 Thinkstock/Stockbyte, 50 */Xuejun Ii, 50 */Ljupco Smokovski, 50 */ Coprid, 50 */Yingko, 51 */poligonchik, 52 */arsdigital, 53 */adpePhoto, 53 */Africa Studio, 53 */Tiler84, 53 */NilsZ, 53 */Africa Studio, 53 */Coprid, 54 */magraphics.eu, 54 */sommersby, 54 */ermess, 54 */AndG, 55 */ILYA AKINSHIN, 55 */Lusoimages, 55 */HamsterMan, 55 */jlcst, 55 */Foto-Ruhrgebiet, 55 */Dmytro Akulov, 55 */picsfive, 55 */ibphoto, 55 */Jonathan Stutz, 55 */Jackin, 55 */ganko, 55 */artmim, 55 */Klaus Eppele, 56 */Sashkin, 56 */Creatix, 56 */Andreja Donko, 56 */Katrina Brown, 56 */Ljupco Smokovski, 57 */ Okea, 58 */kmit, 58 */luckylight, 58 */tuja66, 58 */tuja66, 58 */corund, 58 */tuja66, 58 */Rynio Productions, 58 */mick20, 58 */ Denis Dryashkin, 58 */tuja66, 58 */claudio, 58 */CE Photography, 58 */tuja66, 58 */Бурдюков Андрей, 58 */vav63, 59 */Rynio Productions, 59 */Rynio Productions, 59 */Rynio Productions, 59 */PRILL Mediendesign, 59 */fefufoto, 59 */antonsov85, 60 */andersphoto, 60 */scis65, 60 */venusangel, 60 */Coprid, 60 */f9photos, 60 */tuja66, 60 */Konovalov Pavel, 60 */Freer, 60 */Nik, 60 */

chungking, 60 */mariusz szczygieł, 61 */auremar, 61 */Africa Studio, 61 */ankiro, 61 */Ionescu Bogdan, 61 */piai, 61 */Denys Rudyi, 62 */Nomad_Soul, 62 */gradt, 62 */twister025, 62 */egorovvasily, 62 */womue, 62 Thinkstock/iStockphoto, 62 Thinkstock/iStockphoto, 62 */cherezoff, 62 */by-studio, 63 */coco, 63 */D. Ott, 63 */D. Ott, 63 */federicofoto, 63 */babsi_w, 63 */Stibat Studio, 63 */Kara, 63 */Jeanette Dietl, 63 */sonne fleckl, 63 */keller, 63 */mlket, 63 */WoGi, 63 */M. Schuppich , 63 */Marco Becker , 63 */kobra78 , 63 */ Kalle Kolodziej, 64 */mallivan, 64 */Zbyszek Nowak, 64 */opasstudio, 64 */hsagencia, 64 */photka , 64 */photka , 64 */photka , 64 */ photka , 64 */Gerald Bernard , 64 */Jaimie Duplass , 64 */steamroller , 64 */tompet80 , 64 */schankz, 64 */keerati, 65 */hopfi23, 65 */Alex Petelin, 65 */Patryssia, 65 */D. Ott, 65 */Horticulture, 65 */Kasia Bialasiewicz, 65 */mopsgrafik, 65 */B. Wylezich, 65 */foto-schab, 65 */Miredi, 65 */udra11, 65 */NinaMalyna, 65 */rupbilder, 68 */unpict, 68 */Teamarbeit, 68 */Christian Jung, 68 Dreamstime/ Christianjung, 68 */HLPhoto, 68 */ExQuisine , 68 */rdnzl, 68 */uckyo, 68 */ExQuisine, 68 */lefebvre_jonathan, 68 */Cornerman, 68 */ Mara Zemgaliete, 68 iStockphoto/Vasko, 68 */Diana Taliun, 68 */oksix, 68 Shutterstock/marco mayer, 69 */ExQuisine, 69 */ExQuisine, 69 */fotomaster, 69 */Eric Isselée, 69 */boguslaw, 69 */Eric Isselée, 69 */nito, 69 */Irina Khomenko, 69 */Viktor, 69 */Oran Tantapakul, 69 */lightpoet, 70 */Rémy MASSEGLIA, 70 */Natalia Merzlyakova, 70 Dreamstime/Witoldkr1, 70 */Picture Partners, 70 */antonio scarpi, 70 */Gaetan Soupa, 70 */o.meerson, 70 */ExQuisine, 70 Dreamstime/Pipa 100, 70 */lunamarina, 70 */HelleM, 70 */Dalmatin.o , 70 */Witold Krasowski, 70 */Andrei Nekrassov, 70 */Dionisvera, 70 */Dionisvera, 71 */angorius, 71 */Dani Vincek, 71 */felinda, 71 */ Andrey Starostin, 71 */pedrolieb, 71 */ExQuisine, 71 Dreamstime/Onepony, 71 */dulsita, 71 */Giuseppe Lancia, 71 */margo555, 71 */ BSANI , 71 */womue, 71 */Jiri Hera, 72 */ExQuisine, 72 Dreamstime/Sethislav, 72 */volff , 73 */dimakp, 73 Shutterstock/Multiart, 73 Shutterstock/Krzysztof Slusarczyk, 73 */Daddy Cool, 73 */Brad Pict, 73 Dreamstime/Jack14, 73 */cynoclub, 73 */Picture Partners, 73 */ Lsantilli , 73 */Coprid, 73 */Fotofermer, 73 */Brad Pict, 73 */Mara Zemgaliete, 74 */Dani Vincek , 74 */Natika, 74 */Luis Carlos Jiménez, 74 */angorius, 74 */marrfa, 74 */Natika, 74 */fotogal, 74 */Shawn Hempel, 74 */Jessmine, 74 */Daorson, 74 */Jérôme Rommé, 74 */gcpics, 74 */Picture Partners, 75 */valeriy555, 75 */valeriy555, 75 */Barbara Pheby, 75 */volga1971, 75 Dreamstime/ Robynmac, 75 */Anna Kucherova, 75 */jerome signoret, 76 */boguslaw, 76 */fotomatrix, 76 */World travel images, 76 */margo555 , 76 */margo555 , 76 */margo555 , 76 */margo555 , 76 */Wolfgang Jargstorff, 77 */valeriy555, 77 */silencefoto, 77 */valeriy555, 77 */ valeriy555, 77 */silencefoto, 77 */valeriy555, 77 */Dionisvera, 77 */photocrew, 77 */Anna Kucherova, 77 */valeriy555, 77 */Malysh-chyts Viktar, 77 */charlottelake, 77 */valeriy555, 78 */tycoon101, 78 */Zbyszek Nowak, 78 */M.R. Swadzba, 78 */Schlierner, 78 */ Ekaterina Lin, 78 */Andrey Starostin, 79 */azureus70, 79 */azureus70, 79 */valeriy555, 79 */Dionisvera, 79 */valeriy555, 79 */ valeriy555, 79 */Andrea Wilhelm, 79 */valeriy555, 79 */valeriy555, 79 */valeriy555, 79 */valeriy555, 79 */valeriy555, 79 */vale-riy555, 79 */Anna Kucherova, 80 */Malyshchyts Viktar, 80 */Malyshchyts Viktar, 80 */Malyshchyts Viktar, 80 */Malyshchyts Viktar, 80 */Malyshchyts Viktar, 80 */Malyshchyts Viktar, 80 */Malyshchyts Viktar, 80 */Malyshchyts Viktar, 80 */Malyshchyts Viktar, 80 */Malysh-chyts Viktar, 80 */Natika, 80 */Malyshchyts Viktar, 80 */Malyshchyts Viktar, f9photos, 80 */Malyshchyts Viktar, 80 */Oleksiy Ilyashenko, 80 */Tim UR, 80 */valeriy555, 80 */valeriy555, 80 */Natika, 80 */valeriy555, 81 Dreamstime/Skyper1975, 81 */Werner Fellner, 81 */ marilyn barbone, 81 */nblxer, 81 */goodween123, 82 */Popova Olga, 82 */Popova Olga, 82 */mates, 82 */Popova Olga, 82 */Popova Olga, 82 */Popova Olga, 82 */Popova Olga, 82 */Popova Olga, 82 */pimponaco, 82 */Schlierner, 82 */svl861, 82 */svl861, 82 Dream-stime/Margouillat, 83 */Team 5, 83 MDB/seli8, 83 */unpict, 83 */Tomboy2290, 83 */nbriam, 83 */Vera Kuttelvaserova, 83 */Vesna Cvorovic, 83 */Maceo, 83 */scis65, 84 Thinkstock/iStockphoto, 84 Thinkstock/iStockphoto, 84 Thinkstock/iStockphoto, 84 Thinkstock/ iStockphoto, 84 Thinkstock/iStockphoto, 84 Thinkstock/iStockphoto, 84 Thinkstock/iStockphoto, 84 Thinkstock/iStockphoto, 84 Think-stock/iStockphoto, 84 Thinkstock/iStockphoto, 84 Thinkstock/iStockphoto, 84 Thinkstock/iStockphoto, 84 Thinkstock/iStockphoto, 84 Thinkstock/iStockphoto, 84 Thinkstock/iStockphoto, 85 Dreamstime/Sergioz, 85 */Africa Studio, 85 */ Orlando Bellini, 85 */Inga Nielsen, 85 */Inga Nielsen, 85 */Inga Nielsen, 85 */Boris Ryzhkov, 86 */Popova Olga, 86 */Popova Olga, 86 */Popova Olga, 86 */Popova Olga, 86 */Popova Olga, 86 */Popova Olga, 86 */Popova Olga, 86 */Popova Olga, 86 */ Popova Olga, 86 */Popova Olga, 86 */Popova Olga, 86 */Popova Olga, 86 */Popova Olga, 86 */Elena Schweitzer, 86 */Picturefoods.com, 87 Dreamstime/Jirkaejc, 87 Dreamstime/Glasscuter, 87 */Andrzej Tokarski, 87 Dreamstime/Pryzmat, 87 */Stefano Neri , 87 */Roxana, 87 */enzo4, 87 */Stefano Neri, 87 */akulamatiau, 87 */zorandim75, 87 */marilyn barbone, 88 */pico, 88 */Sergejs Rahunoks, 88 Dreamstime/Givaga, 88 */Piovanello, 88 */Piovanello, 88 */the_pixel, 88 */Liaurinko, 88 */nemez210769, 88 */midosemsem, 88 */Jiri Hera, 88 */juri semjonow, 88 */Brad Pict, 88 Dreamstime/Travelling-light, 88 Dreamstime/Synchronista, 88 */Julian Weber, 88 */IrisArt , 89 */BeTa-Artworks, 89 */Sergii Moscaliuk, 89 */Diana Taliun, 89 */Daniel Wiedemann, 89 Dreamstime/Nagme, 89 */lantapix, 89 */Olegich, 89 */scis65, 89 */Vidady, 89 */komar.maria, 90 */Petrov Vadim, 90 */unpict, 90 */Smart7, 90 */tycoon101, 90 */M. Schuppich, 90 */digifood, 90 */Schwoab, 90 */photocrew, 90 */chrisdorney, 90 */anakondasp, 90 */unpict, 90 */sorcerer11, 90 */ Lucky Dragon, 91 */MarFot, 91 */ppi09, 91 */Kesu, 91 */Andrea Wilhelm, 91 */kehr design, 91 */gtranquillity, 91 */Corinna Gisse-mann, 91 */Lucky Dragon, 91 */Jiri Hera, 91 */sergojpg, 91 */Daryl Musser, 91 */robysaba, 91 */unpict, 92 */Jiri Hera, 92 */Nitr, 92 */Nitr, 92 */ExQuisine, 92 */Natika , 92 */Inga Nielsen, 92 */Nitr, 92 */Nitr, 92 */Taffi, 92 */karandaev, 92 */unpict, 92 */baibaz, 92 */ Africa Studio, 93 */pabijan, 93 */amenic181, 93 */Viktor, 93 */blende40, 93 */Fotofermer, 93 */Rob Stark, 93 */gtranquillity, 93 */ gtranquillity, 93 */gtranquillity, 93 */gtranquillity, 93 */gtranquillity, 93 */Inga Nielsen, 94 Thinkstock/puchkovo48, 94 */neirfy, 94 */Nitr, 94 */Nitr, 94 */Nitr, 94 */Taffi, 94 */Taffi, 94 */Taffi, 94 */Taffi, 94 */karandaev, 94 */karandaev, 94 */karandaev, 95 */Hemeroskopion, 95 */Hemeroskopion, 95 */Hemeroskopion, 95 */Hemeroskopion, 95 */Hemeroskopion, 95 */Hemeroskopion, 95 */Hemeroskopion, 95 */Hemeroskopion, 95 */Hemeroskopion, 95 */Hemeroskopion, 95 */Hemeroskopion, 95 */Hemeroskopion, 96 */ kab-vision, 96 Shutterstock/Multiart - Shutterstock.com, 96 */Volodymyr Shevchuk, 96 */Sergejs Rahunoks, 96 */sspice, 96 */Corinna Gisseman, 96 */azureus70, 96 */Popova Olga, 96 */baibaz, 97 */Whitebox Media, 97 */angorius, 97 */Andrea Wilhelm, 97 Dream-stime/Margouillat, 97 */Viktor, 97 */Kesu, 97 */Peredniankina, 97 */margo555, 97 */Aleksandar Jocic, 98 */Jiri Hera, 98 */victoria p.,

Martina Berg, 234 */st-fotograf, 234 */imagika, 234 Thinkstock/iStockphoto, 234 */WavebreakMediaMicro, 234 */jillchen, 234 */ Alexander Raths, 235 */Warren Millar, 235 Thinkstock/Stockbyte, 235 Thinkstock/iStockphoto, 235 Thinkstock/iStockphoto, 235 Thinkstock/iStockphoto, 235 Thinkstock/iStockphoto, 235 */ksena32, 235 Thinkstock/iStockphoto, 235 */AllebaziB, 235 */Barbara Pheby, 235 Thinkstock/Hemera, 235 */womue, 235 */Liliia Rudchenko, 235 Thinkstock/iStockphoto, 235 */jogyx, 235 */Marius Graf, 236 */Regina Jersova, 236 */bittedankeschön, 236 Thinkstock/iStockphoto, 236 */franzgustincich, 236 */openlens, 236 */bruniewska, 236 */Amid, 236 Thinkstock/iStockphoto, 236 */Gino Santa Maria , 236 Thinkstock/iStockphoto, 236 */krimzoya46, 236 */sandis94, 236 */tsaplia, 236 */tigger11th, 236 */neirfy, 236 */bahrialtay, 237 */akekoksom, 238 Thinkstock/iStockphoto, 238 Thinkstock/ iStockphoto, 238 */Sergiogen, 238 Thinkstock/iStockphoto, 238 */babimu, 239 */uckyo, 239 */RTimages, 239 */Africa Studio, 239 */ Africa Studio, 239 */luiscarceller, 239 */Ncyro, 239 */kornienko, 239 Thinkstock/thinstock Ablestock.com @ Getty Images, 239 */ Mushy, 239 */maestria_diz, 239 Thinkstock/iStockphoto, 239 */U. Hardberck, 239 */Andreja Donko, 239 */koosen, 239 Thinkstock/ iStockphoto, 239 Thinkstock/Hemera @ Getty Images, 240 */Printemps, 240 */Africa Studio, 240 Thinkstock/iStockphoto, 240 */ shooarts, 240 */Vyacheslav Plyasenko, 240 */ rtranq, 240 Thinkstock/JupiterImages © Getty Images, 240 */Firma V, 240 */ronstik, 240 */lunamarina, 240 */iampuay, 240 */Kuzmick, 240 */marysa03, 241 Thinkstock/Fuse, 241 Thinkstock/Creatas Images, 241 Thinkstock/Fuse, 241 */Kzenon, 241 */nyul, 241 */Sergey Nivens, 241 */Nejron Photo, 242 */Robert Neumann, 242 */ratana_k, 242 */Marius Graf, 242 Thinkstock/iStockphoto, 242 */Unclesam, 242 */indigolotos, 242 */Birgit Reitz-Hofmann, 242 */fotomanu21, 242 */Hamik, 243 */Lichtmaler, 243 */Cmon, 243 Thinkstock/iStockphoto, 243 */DoraZett, 243 */NoName, 243 */RTimages, 243 */ avtor_ep, 243 Thinkstock/Comstock, 243 */Dan Race, 243 Thinkstock/Digital Vision/Ryan McVay, 243 Thinkstock/Ingram Publishing, 243 Thinkstock/iStockphoto, 243 */seen, 244 Thinkstock/Zoonar, 244 */donfiore, 244 Thinkstock/iStockphoto, 244 */eldadcarin, 244 */eldadcarin, 244 */Anja Roesnick, 244 */Anja Roesnick, 244 */Anja Roesnick, 244 */Africa Studio, 244 */Foto-Ruhrgebiet, 244 Thinkstock/Zoonar, 244 */eldadcarin, 244 */STUDIO12, 245 Thinkstock/iStockphoto, 245 */sergign, 245 */schoki_01, 245 */alecic-cotelli, 245 */Fyle, 245 */frank peters, 245 */Christer Tvedt, 246 */benjaminnolte, 246 Thinkstock/iStockphoto, 246 Thinkstock/Digital Vision/Alexander Hassenstein, 246 */Aleksandar Todorovic, 247 Thinkstock/iStockphoto, 247 */f9photos, 247 Thinkstock/iStockphoto, 247 */photocrew, 247 Thinkstock/iStockphoto, 247 */Aleksandar Todorovic, 247 */mikesch112, 247 */rangizzz, 247 */chulja, 247 Thinkstock/iStockphoto, 247 */pressmaster, 247 Thinkstock/iStockphoto, 247 */arnau2098, 248 */B. Wylezich, 248 */philipus, 248 */ Angus , 248 */od - pictureworks, 248 */bergamont , 248 */risto0, 248 */full image, 248 */Coprid, 248 */f9photos, 248 */sss78, 248 */federicofoto, 249 */Africa Studio, 249 */Ljupco Smokovski, 249 */Danicek, 249 Thinkstock/iStockphoto, 249 */Alexey F.ozpruv, 249 */ scphoto48 , 249 */tolism, 252 */CLIPAREA.com, 252 */CLIPAREA.com, 253 */CLIPAREA.com, 253 */CLIPAREA.com, 254 Thinkstock/ Zoonar, 254 Thinkstock/Hemera @ Getty Images, 254 Thinkstock/iStockphoto, 255 */mrgarry, 255 */turhanerbas, 256 */adimas, 257 */adimas, 258 */pixelcaos, 259 */3drenderings, 259 */3drenderings, 259 */3drenderings, 259 */3drenderings, 259 */3drenderings, 259 */3drenderings, 259 */arsdigital, 259 */pixelcaos, 260 */pixelcaos, 261 */pixelcaos, 261 */Diana Taliun, 262 */vectorus, 262 */ Lsantilli, 262 */Sven Bähren, 262 */Tyler Olson, 262 */GordonGrand, 262 */iStockphoto, 263 */reflektastudios, 263 */IPC-PROD, 263 */Robert Angermayr, 263 */silverrobert, 263 */Popova Olga, 263 */gradt, 264 */Alexander Raths, 264 */fhmedien_de, 264 */Creativa, 264 */ISO K° - photography, 264 */Sashkin, 264 */Africa Studio, 265 */Monkey Business, 265 */dalaprod, 265 */drubig-photo, 265 */ drubig-photo, 265 */vladimirfloyd, 266 */Africa Studio, 266 */iko, 266 */DoraZett, 266 */Creativa, 266 */Gina Sanders, 266 */Subhoti-na Anna, 266 */drubig-photo, 266 */Ocskay Bence, 266 */detailblick, 266 */Kurhan, 267 */Creativa, 267 */underdogstudios, 267 */ Dmitry Lobanov, 267 */rangizzz, 267 */Dan Race, 267 */Eisenhans, 267 */smikeymikey1, 268 Thinkstock/iStockphoto, 268 */Guido Grochowski, 268 */Dmitry Vereshchagin, 268 */HBK, 268 */treetstreet, 268 */Peter Atkins, 268 */Bandika, 268 */wckiw, 269 */ ksena32, 269 */Igor Mojzes, 269 */st-fotograf, 269 */Vidady, 269 */Maridav, 269 Thinkstock/iStockphoto, 269 Thinkstock/iStockphoto, 269 */Kondor83, 269 */Gelpi, 269 */Volker Witt, 269 */apops, 269 */juefraphoto , 269 */Joss, 270 */CandyBox Images, 270 */ alswart, 270 */hitdelight, 270 */unclepodger, 271 */Igor Zakowski, 271 */Rade Lukovic, 271 */draw05, 271 */blende40, 271 */ Kurhan, 271 */Jessmine, 271 */contrastwerkstatt, 271 */apops, 272 */Alexandr Mitiuc, 272 Thinkstock/iStockphoto, 272 */Tyler Olson, 272 */Africa Studio, 273 */malajscy, 273 */Gerhard Brée, 273 */ep stock, 273 */ksl, 274 */Gennadiy Poznyakov, 274 */Tobilander, 274 */malajscy, 274 */starman963, 274 */Jim Vallee, 275 */danutelu, 275 */spotmatikphoto, 275 */Robert Kneschke, 275 */Dmitry Vereshchagin, 275 */itsmejust, 275 */Robert Kneschke, 275 */WONG SZE FEI, 276 */Africa Studio, 276 */Africa Studio, 276 */ contrastwerkstatt, 276 */khuntapol, 276 */Coprid, 276 */Anatoly Repin, 276 */adisa, 276 */Borys Shevchuk, 276 */Manuel Schäfer, 276 */Nataraj, 277 */Gordon Saunders, 277 */seen, 277 */only4denn, 277 Thinkstock/Hemera, 277 */Coprid, 277 */blondina93, 277 */by-studio, 277 */Jiri Hera, 277 */Johanna Goodyear, 277 */Nazzu, 277 */Tharakorn, 277 */Tarzhanova, 277 */terex, 278 */Tatjana Balzer, 278 */Tyler Olson, 278 */Schlierner, 278 */Kzenon, 278 */modul_a, 278 */Nikki Zalewski, 278 */Khorzhevska, 278 */bertys30, 278 */Tran-Photography, 278 */Zdenka Darula, 278 */WONG SZE FEI, 278 */pearl, 278 */Taffi, 279 */Gennadiy Poznyakov, 279 */ ecobo, 279 */pukall-fotografie, 279 */goodluz, 279 Thinkstock/Dorling Kindersley RF, 279 Thinkstock/iStockphoto, 279 */Artem Merz-lenko, 282 */CandyBox Images, 282 */Roman Milert, 282 */Volker Witt, 282 */AK-DigiArt, 282 */Dario Lo Presti, 282 */benjaminnolte, 283 */Michael Schütze, 283 */brozova, 283 */Rodja, 283 Thinkstock/iStockphoto, 283 */cristi180884, 283 */Lisa F. Young, 284 Thinkstock/iStockphoto, 284 Thinkstock/Photodisc, 284 */VRD, 284 */Andre Bonn, 284 */shutswis, 285 */Lukas Sembera, 285 Thinkstock/liquidlibrary, 285 */marog-pixcells, 285 Thinkstock/iStockphoto, 285 */koszivu, 285 */Photographee.eu, 285 Thinkstock/ iStockphoto, 285 */Monkey Business, 285 */Photographee.eu, 285 */Gerhard Seybert, 285 */Artem Furman, 286 */PictureArt, 286 */ Pavel Losevsky, 286 */davis, 286 */Arcady, 286 */playstuff, 286 */beermedia, 286 */Lucky Dragon USA, 286 */Igor Kovalchuk, 287 */ Christa Eder, 287 */Svetlana Gryankina, 287 */creAtive, 287 */Berry, 287 */Maygutyak, 287 */WoGi, 287 */Tobboo, 287 */jogyx, 287 */rouakcz, 287 */Silvano Rebai, 288 */Fiedels, 288 */nupsik284, 288 */Birgit Reitz-Hofmann, 288 */Claudio Divizia, 288 */GP, 288

First edition for the United States of America and Canada published in 2015
by Barron's Educational Series, Inc., Hauppauge, NY.

© Copyright PONS GmbH, Stuttgart, Federal Republic of Germany, 2014

First published in German under the title, *Bildwörterbuch English Deutsch*.

All inquiries should be addressed to:
Barron's Educational Series, Inc.
250 Wireless Boulevard
Hauppauge, NY 11788
www.barronseduc.com

ISBN: 978-1-4380-0601-7

Library of Congress Control Number: 2014946940

Printed in Italy
9 8 7 6 5 4 3 2 1